卞尺丹几乙し丹卞と

Translated Language Learning

The Communist Manifesto

Het Communistisch Manifest

Karl Marx & Friedrich Engels

English / Nederlands

Published by Tranzlaty

ISBN: 978-1-83566-569-5

Original text by Karl Marx and Friedrich Engels

The Communist Manifesto

First published in 1848

www.tranzlaty.com

Introduction
Introductie

A spectre is haunting Europe — the spectre of Communism
Er waart een spook door Europa, het spook van het
communisme
**All the Powers of old Europe have entered into a holy
alliance to exorcise this spectre**
Alle mogendheden van het oude Europa zijn een heilig
verbond aangegaan om dit spook uit te drijven
**Pope and Czar, Metternich and Guizot, French Radicals and
German police-spies**
Paus en tsaar, Metternich en Guizot, Franse radicalen en
Duitse politiespionnen
**Where is the party in opposition that has not been decried as
Communistic by its opponents in power?**
Waar is de partij in de oppositie die niet als communistisch is
bestempeld door haar tegenstanders aan de macht?
**Where is the Opposition that has not hurled back the
branding reproach of Communism, against the more
advanced opposition parties?**
Waar is de oppositie die de brandende smaad van het
communisme tegen de meer vooruitstrevende
oppositiepartijen niet heeft teruggeworpen?
**And where is the party that has not made the accusation
against its reactionary adversaries?**
En waar is de partij die de beschuldiging tegen haar
reactionaire tegenstanders niet heeft geuit?
Two things result from this fact
Dit feit leidt tot twee dingen
**I. Communism is already acknowledged by all European
Powers to be itself a Power**
I. Het communisme wordt reeds door alle Europese
mogendheden erkend als een mogendheid

II. It is high time that Communists should openly, in the face of the whole world, publish their views, aims and tendencies

II. Het is de hoogste tijd dat communisten openlijk, ten overstaan van de hele wereld, hun opvattingen, doelstellingen en tendensen bekendmaken

they must meet this nursery tale of the Spectre of Communism with a Manifesto of the party itself

ze moeten dit kinderverhaal van het spook van het communisme ontmoeten met een manifest van de partij zelf

To this end, Communists of various nationalities have assembled in London and sketched the following Manifesto

Daartoe hebben communisten van verschillende nationaliteiten zich in Londen verzameld en het volgende manifest opgesteld.

this manifesto is to be published in the English, French, German, Italian, Flemish and Danish languages

dit manifest zal worden gepubliceerd in de Engelse, Franse, Duitse, Italiaanse, Vlaamse en Deense taal

And now it is to be published in all the languages that Tranzlaty offers

En nu moet het worden gepubliceerd in alle talen die Tranzlaty aanbiedt

Bourgeois and the Proletarians
Bourgeois en de proletariërs

The history of all hitherto existing societies is the history of class struggles

De geschiedenis van alle tot nu toe bestaande maatschappijen is de geschiedenis van de klassenstrijd

Freeman and slave, patrician and plebeian, lord and serf, guild-master and journeyman

Vrije man en slaaf, patriciër en plebejer, heer en lijfeigene, gildemeester en gezel

in a word, oppressor and oppressed

In één woord, onderdrukker en onderdrukte

these social classes stood in constant opposition to one another

Deze sociale klassen stonden voortdurend tegenover elkaar

they carried on an uninterrupted fight. Now hidden, now open

Ze voerden een ononderbroken strijd. Nu verborgen, nu open

a fight that either ended in a revolutionary re-constitution of society at large

een strijd die ofwel eindigde in een revolutionaire heroprichting van de samenleving als geheel

or a fight that ended in the common ruin of the contending classes

of een strijd die eindigde in de gemeenschappelijke ondergang van de strijdende klassen

let us look back to the earlier epochs of history

Laten we terugkijken naar de vroegere tijdperken van de geschiedenis

we find almost everywhere a complicated arrangement of society into various orders

We vinden bijna overal een ingewikkelde indeling van de samenleving in verschillende ordeningen

there has always been a manifold gradation of social rank

Er is altijd een veelvoudige gradatie van sociale rang geweest

In ancient Rome we have patricians, knights, plebeians, slaves

In het oude Rome hebben we patriciërs, ridders, plebejers, slaven

in the Middle Ages: feudal lords, vassals, guild-masters, journeymen, apprentices, serfs

in de Middeleeuwen: feodale heren, vazallen, gildemeesters, gezellen, leerlingen, lijfeigenen

in almost all of these classes, again, subordinate gradations

In bijna al deze klassen zijn er weer ondergeschikte gradaties

The modern Bourgeoisie society has sprouted from the ruins of feudal society

De moderne bourgeoisie is ontsproten uit de ruïnes van de feodale maatschappij

but this new social order has not done away with class antagonisms

Maar deze nieuwe sociale orde heeft de klassentegenstellingen niet opgeheven

It has but established new classes and new conditions of oppression

Het heeft alleen maar nieuwe klassen en nieuwe voorwaarden van onderdrukking geschapen

it has established new forms of struggle in place of the old ones

Het heeft nieuwe vormen van strijd ingesteld in plaats van de oude

however, the epoch we find ourselves in possesses one distinctive feature

Het tijdperk waarin we ons bevinden heeft echter één onderscheidend kenmerk

the epoch of the Bourgeoisie has simplified the class antagonisms

het tijdperk van de bourgeoisie heeft de klassentegenstellingen vereenvoudigd

Society as a whole is more and more splitting up into two great hostile camps

De samenleving als geheel valt steeds meer uiteen in twee grote vijandige kampen

two great social classes directly facing each other: Bourgeoisie and Proletariat

twee grote sociale klassen die recht tegenover elkaar staan: de bourgeoisie en het proletariaat

From the serfs of the Middle Ages sprang the chartered burghers of the earliest towns

Uit de lijfeigenen van de Middeleeuwen kwamen de gecharterde burgers van de vroegste steden voort

From these burgesses the first elements of the Bourgeoisie were developed

Uit deze burgerij ontwikkelden zich de eerste elementen van de bourgeoisie

The discovery of America and the rounding of the Cape

De ontdekking van Amerika en de ronding van de Kaap

these events opened up fresh ground for the rising Bourgeoisie

deze gebeurtenissen openden nieuw terrein voor de opkomende bourgeoisie

The East-Indian and Chinese markets, the colonisation of America, trade with the colonies

De Oost-Indische en Chinese markten, de kolonisatie van Amerika, de handel met de koloniën

the increase in the means of exchange and in commodities generally

de toename van de ruilmiddelen en van de waren in het algemeen

these events gave to commerce, navigation, and industry an impulse never before known

Deze gebeurtenissen gaven aan de handel, de scheepvaart en de industrie een impuls die nog nooit eerder was gekend

it gave rapid development to the revolutionary element in the tottering feudal society

Het gaf een snelle ontwikkeling aan het revolutionaire element in de wankelende feodale samenleving

closed guilds had monopolised the feudal system of industrial production

Gesloten gilden hadden het feodale systeem van industriële productie gemonopoliseerd

but this no longer sufficed for the growing wants of the new markets

Maar dit was niet langer voldoende voor de groeiende behoeften van de nieuwe markten

The manufacturing system took the place of the feudal system of industry

Het productiesysteem nam de plaats in van het feodale systeem van de industrie

The guild-masters were pushed on one side by the manufacturing middle class

De gildemeesters werden aan de kant geschoven door de industriële middenklasse

division of labour between the different corporate guilds vanished

De arbeidsverdeling tussen de verschillende corporatiegilden verdween

the division of labour penetrated each single workshop

De arbeidsdeling drong door tot in elke werkplaats

Meantime, the markets kept ever growing, and the demand ever rising

Ondertussen bleven de markten steeds groeien en nam de vraag steeds verder toe

Even factories no longer sufficed to meet the demands

Zelfs fabrieken volstonden niet meer om aan de vraag te voldoen

Thereupon, steam and machinery revolutionised industrial production

Daarop zorgden stoom en machines voor een revolutie in de industriële productie

The place of manufacture was taken by the giant, Modern Industry

De plaats van fabricage werd ingenomen door de reus, de moderne industrie

the place of the industrial middle class was taken by industrial millionaires

De plaats van de industriële middenklasse werd ingenomen door industriële miljonairs

the place of leaders of whole industrial armies were taken by the modern Bourgeoisie

de plaats van de leiders van hele industriële legers werd ingenomen door de moderne bourgeoisie

the discovery of America paved the way for modern industry to establish the world market

de ontdekking van Amerika maakte de weg vrij voor de moderne industrie om de wereldmarkt te vestigen

This market gave an immense development to commerce, navigation, and communication by land

Deze markt gaf een enorme ontwikkeling aan de handel, scheepvaart en communicatie over land

This development has, in its time, reacted on the extension of industry

Deze ontwikkeling heeft in de loop van de tijd een weerslag gehad op de uitbreiding van de industrie

it reacted in proportion to how industry extended, and how commerce, navigation and railways extended

Het reageerde in verhouding tot de manier waarop de industrie zich uitbreidde, en hoe handel, scheepvaart en spoorwegen zich uitbreidden

in the same proportion that the Bourgeoisie developed, they increased their capital

in dezelfde mate als de bourgeoisie zich ontwikkelde, vermeerderden zij haar kapitaal

and the Bourgeoisie pushed into the background every class handed down from the Middle Ages

en de bourgeoisie verdreef elke klasse die uit de middeleeuwen was overgeleverd naar de achtergrond

therefore the modern Bourgeoisie is itself the product of a long course of development

daarom is de moderne bourgeoisie zelf het product van een lange ontwikkelingsweg

we see it is a series of revolutions in the modes of production and of exchange

We zien dat het een reeks revoluties is in de productie- en ruilwijzen

Each developmental Bourgeoisie step was accompanied by a corresponding political advance

Elke stap in de ontwikkeling van de bourgeoisie ging gepaard met een overeenkomstige politieke vooruitgang

An oppressed class under the sway of the feudal nobility

Een onderdrukte klasse onder de heerschappij van de feodale adel

an armed and self-governing association in the mediaeval commune

Een gewapende en zelfbesturende vereniging in de middeleeuwse gemeente

here, an independent urban republic (as in Italy and Germany)

hier een onafhankelijke stedelijke republiek (zoals in Italië en Duitsland)

there, a taxable "third estate" of the monarchy (as in France)

daar een belastbare "derde stand" van de monarchie (zoals in Frankrijk)

afterwards, in the period of manufacture proper

daarna, in de eigenlijke fabricageperiode

the Bourgeoisie served either the semi-feudal or the absolute monarchy

de bourgeoisie diende ofwel de semi-feodale ofwel de absolute monarchie

or the Bourgeoisie acted as a counterpoise against the nobility

of de bourgeoisie fungeerde als tegenwicht tegen de adel

and, in fact, the Bourgeoisie was a corner-stone of the great monarchies in general

en in feite was de bourgeoisie een hoeksteen van de grote monarchieën in het algemeen

but Modern Industry and the world-market established itself since then

maar de moderne industrie en de wereldmarkt hebben zich sindsdien gevestigd

and the Bourgeoisie has conquered for itself exclusive political sway

en de bourgeoisie heeft zich de exclusieve politieke heerschappij veroverd

it achieved this political sway through the modern representative State

het bereikte deze politieke heerschappij door de moderne representatieve staat

The executives of the modern State are but a management committee

De uitvoerende macht van de moderne staat is slechts een bestuurscomité

and they manage the common affairs of the whole of the Bourgeoisie

en zij beheren de gemeenschappelijke zaken van de gehele bourgeoisie

The Bourgeoisie, historically, has played a most revolutionary part

De bourgeoisie heeft historisch gezien een zeer revolutionaire rol gespeeld

wherever it got the upper hand, it put an end to all feudal, patriarchal, and idyllic relations

Overal waar het de overhand kreeg, maakte het een einde aan alle feodale, patriarchale en idyllische verhoudingen

It has pitilessly torn asunder the motley feudal ties that bound man to his "natural superiors"

Het heeft meedogenloos de bonte feodale banden verscheurd die de mens aan zijn 'natuurlijke superieuren' bonden

and it has left remaining no nexus between man and man, other than naked self-interest

En het heeft geen verband tussen mens en mens overgelaten, anders dan naakt eigenbelang

man's relations with one another have become nothing more than callous "cash payment"

De relaties van de mens met elkaar zijn niets meer geworden dan harteloze "contante betaling"

It has drowned the most heavenly ecstasies of religious fervour

Het heeft de meest hemelse extases van religieuze ijver verdronken

it has drowned chivalrous enthusiasm and philistine sentimentalism

Het heeft ridderlijk enthousiasme en kleinburgerlijk sentimentalisme verdronken

it has drowned these things in the icy water of egotistical calculation

Het heeft deze dingen verdronken in het ijskoude water van egoïstische berekening

It has resolved personal worth into exchangeable value

Het heeft persoonlijke waarde omgezet in ruilwaarde

it has replaced the numberless and indefeasible chartered freedoms

Het is in de plaats gekomen van de talloze en onaantastbare gecharterde vrijheden

and it has set up a single, unconscionable freedom; Free Trade

en het heeft een enkele, gewetenloze vrijheid in het leven geroepen; Vrijhandel

In one word, it has done this for exploitation

In één woord, het heeft dit gedaan voor uitbuiting

exploitation veiled by religious and political illusions

uitbuiting versluierd door religieuze en politieke illusies

exploitation veiled by naked, shameless, direct, brutal exploitation

uitbuiting versluierd door naakte, schaamteloze, directe, brute
uitbuiting

**the Bourgeoisie has stripped the halo off every previously
honoured and revered occupation**

de bourgeoisie heeft het aureool van elke voorheen geëerde en
vereerde bezigheid ontdaan

**the physician, the lawyer, the priest, the poet, and the man
of science**

de arts, de advocaat, de priester, de dichter en de man van de
wetenschap

**it has converted these distinguished workers into its paid
wage labourers**

Zij heeft deze voorname arbeiders tot haar betaalde
loonarbeiders gemaakt

**The Bourgeoisie has torn the sentimental veil away from the
family**

De bourgeoisie heeft de sentimentele sluier van het gezin
weggerukt

**and it has reduced the family relation to a mere money
relation**

En het heeft de familierelatie gereduceerd tot een loutere
geldrelatie

**the brutal display of vigour in the Middle Ages which
Reactionists so much admire**

het brute vertoon van kracht in de Middeleeuwen dat de
reactionisten zo bewonderen

**even this found its fitting complement in the most slothful
indolence**

Zelfs dit vond zijn passende aanvulling in de meest luie
traagheid

The Bourgeoisie has disclosed how all this came to pass

De bourgeoisie heeft onthuld hoe dit alles is gebeurd

**The Bourgeoisie have been the first to show what man's
activity can bring about**

De bourgeoisie is de eerste geweest om te laten zien wat de
activiteit van de mens teweeg kan brengen

It has accomplished wonders far surpassing Egyptian pyramids, Roman aqueducts, and Gothic cathedrals

Het heeft wonderen verricht die Egyptische piramides, Romeinse aquaducten en gotische kathedralen ver overtreffen

and it has conducted expeditions that put in the shade all former Exoduses of nations and crusades

en het heeft expedities uitgevoerd die alle voormalige Exoduses van naties en kruistochten in de schaduw hebben gesteld

The Bourgeoisie cannot exist without constantly revolutionising the instruments of production

De bourgeoisie kan niet bestaan zonder de productiemiddelen voortdurend te revolutioneren

and thereby it cannot exist without its relations to production

en daardoor kan het niet bestaan zonder zijn relaties tot de productie

and therefore it cannot exist without its relations to society

en daarom kan het niet bestaan zonder zijn relaties met de samenleving

all earlier industrial classes had one condition in common

Alle vroegere industriële klassen hadden één voorwaarde gemeen

they relied on the conservation of the old modes of production

Ze vertrouwden op het behoud van de oude productiewijzen

but the Bourgeoisie brought with it a completely new dynamic

maar de bourgeoisie bracht een geheel nieuwe dynamiek met zich mee

Constant revolutionizing of production and uninterrupted disturbance of all social conditions

Voortdurende omwenteling van de productie en ononderbroken verstoring van alle sociale omstandigheden

this everlasting uncertainty and agitation distinguishes the Bourgeoisie epoch from all earlier ones

deze voortdurende onzekerheid en agitatie onderscheidt het
tijdperk van de bourgeoisie van alle voorgaande

**previous relations with production came with ancient and
venerable prejudices and opinions**

Eerdere relaties met de productie gingen gepaard met oude en
eerbiedwaardige vooroordelen en meningen

but all of these fixed, fast-frozen relations are swept away

Maar al deze vaste, vastgevroren relaties worden weggevaagd

**all new-formed relations become antiquated before they can
ossify**

Alle nieuw gevormde relaties raken verouderd voordat ze
kunnen verstarren

All that is solid melts into air, and all that is holy is profaned

Alles wat vast is, smelt in lucht, en alles wat heilig is, wordt
ontheiligd

**man is at last compelled to face with sober senses, his real
conditions of life**

De mens wordt ten slotte gedwongen zijn werkelijke
levensomstandigheden onder ogen te zien met nuchtere
zintuigen

and he is compelled to face his relations with his kind

en hij is gedwongen zijn relaties met zijn soortgenoten onder
ogen te zien

**The Bourgeoisie constantly needs to expand its markets for
its products**

De bourgeoisie moet haar markten voor haar producten
voortdurend uitbreiden

**and, because of this, the Bourgeoisie is chased over the
whole surface of the globe**

en daarom wordt de bourgeoisie over de hele aardbol
achtervolgd

**The Bourgeoisie must nestle everywhere, settle everywhere,
establish connections everywhere**

De bourgeoisie moet zich overal nestelen, zich overal vestigen,
overal verbindingen leggen

The Bourgeoisie must create markets in every corner of the world to exploit

De bourgeoisie moet in alle uithoeken van de wereld markten creëren om te exploiteren

the production and consumption in every country has been given a cosmopolitan character

De productie en consumptie heeft in elk land een kosmopolitisch karakter gekregen

the chagrin of Reactionists is palpable, but it has carried on regardless

het verdriet van de reactionisten is voelbaar, maar het is toch doorgegaan

The Bourgeoisie have drawn from under the feet of industry the national ground on which it stood

De bourgeoisie heeft de nationale grond, waarop zij stond, onder de voeten van de industrie weggesleept

all old-established national industries have been destroyed, or are daily being destroyed

Alle oude gevestigde nationale industrieën zijn vernietigd, of worden dagelijks vernietigd

all old-established national industries are dislodged by new industries

Alle oude gevestigde nationale industrieën worden verdreven door nieuwe industrieën

their introduction becomes a life and death question for all civilised nations

Hun invoering wordt een kwestie van leven en dood voor alle beschaafde naties

they are dislodged by industries that no longer work up indigenous raw material

ze worden verdreven door industrieën die geen inheemse grondstoffen meer bewerken

instead, these industries pull raw materials from the remotest zones

In plaats daarvan halen deze industrieën grondstoffen uit de meest afgelegen zones

industries whose products are consumed, not only at home, but in every quarter of the globe

industrieën waarvan de producten niet alleen thuis worden geconsumeerd, maar in alle uithoeken van de wereld

In place of the old wants, satisfied by the productions of the country, we find new wants

In plaats van de oude behoeften, bevredigd door de producties van het land, vinden we nieuwe behoeften

these new wants require for their satisfaction the products of distant lands and climes

Deze nieuwe behoeften vereisen voor hun bevrediging de producten van verre landen en klimaten

In place of the old local and national seclusion and self-sufficiency, we have trade

In plaats van de oude lokale en nationale afzondering en zelfvoorziening, hebben we handel

international exchange in every direction; universal inter-dependence of nations

internationale uitwisseling in alle richtingen; Universele onderlinge afhankelijkheid van naties

and just as we have dependency on materials, so we are dependent on intellectual production

En net zoals wij afhankelijk zijn van materialen, zo zijn wij ook afhankelijk van intellectuele productie

The intellectual creations of individual nations become common property

De intellectuele scheppingen van individuele naties worden gemeenschappelijk bezit

National one-sidedness and narrow-mindedness become more and more impossible

Nationale eenzijdigheid en bekrompenheid worden steeds onmogelijker

and from the numerous national and local literatures, there arises a world literature

En uit de talrijke nationale en lokale literatuur ontstaat een wereldliteratuur

by the rapid improvement of all instruments of production

door de snelle verbetering van alle productie-instrumenten

by the immensely facilitated means of communication

door de enorm gefaciliteerde communicatiemiddelen

The Bourgeoisie draws all (even the most barbarian nations) into civilisation

De bourgeoisie trekt iedereen (zelfs de meest barbaarse naties) in de beschaving

The cheap prices of its commodities; the heavy artillery that batters down all Chinese walls

De goedkope prijzen van zijn grondstoffen; het zware geschut dat alle Chinese muren neerhaalt

the barbarians' intensely obstinate hatred of foreigners is forced to capitulate

De intens hardnekkige haat van de barbaren tegen buitenlanders wordt gedwongen te capituleren

It compels all nations, on pain of extinction, to adopt the Bourgeoisie mode of production

Het dwingt alle naties, op straffe van uitroeiing, om de bourgeoisie productiewijze aan te nemen

it compels them to introduce what it calls civilisation into their midst

Het dwingt hen om wat het beschaving noemt in hun midden te introduceren

The Bourgeoisie force the barbarians to become Bourgeoisie themselves

De bourgeoisie dwingt de barbaren om zelf bourgeoisie te worden

in a word, the Bourgeoisie creates a world after its own image

in één woord, de bourgeoisie schept een wereld naar haar eigen beeld

The Bourgeoisie has subjected the countryside to the rule of the towns

De bourgeoisie heeft het platteland onderworpen aan de heerschappij van de steden

It has created enormous cities and greatly increased the urban population

Het heeft enorme steden gecreëerd en de stedelijke bevolking enorm vergroot

it rescued a considerable part of the population from the idiocy of rural life

Het redde een aanzienlijk deel van de bevolking van de idiotie van het plattelandsleven

but it has made those in the the countryside dependent on the towns

Maar het heeft de mensen op het platteland afhankelijk gemaakt van de steden

and likewise, it has made the barbarian countries dependent on the civilised ones

En evenzo heeft het de barbaarse landen afhankelijk gemaakt van de beschaafde landen

nations of peasants on nations of Bourgeoisie, the East on the West

naties van boeren op naties van bourgeoisie, het Oosten op het Westen

The Bourgeoisie does away with the scattered state of the population more and more

De bourgeoisie rekent steeds meer af met de versnipperde staat van de bevolking

It has agglomerated production, and has concentrated property in a few hands

Het heeft een geagglomereerde productie en heeft eigendom geconcentreerd in een paar handen

The necessary consequence of this was political centralisation

Het noodzakelijke gevolg hiervan was politieke centralisatie

there had been independent nations and loosely connected provinces

Er waren onafhankelijke naties geweest en losjes met elkaar verbonden provincies

they had separate interests, laws, governments and systems of taxation

Ze hadden afzonderlijke belangen, wetten, regeringen en belastingstelsels

but they have become lumped together into one nation, with one government

Maar ze zijn op één hoop gegooid tot één natie, met één regering

they now have one national class-interest, one frontier and one customs-tariff

Zij hebben nu één nationaal klassenbelang, één grens en één douanetarief

and this national class-interest is unified under one code of law

En dit nationale klassenbelang is verenigd onder één wetboek

the Bourgeoisie has achieved much during its rule of scarce one hundred years

de bourgeoisie heeft veel bereikt tijdens haar heerschappij van nauwelijks honderd jaar

more massive and colossal productive forces than have all preceding generations together

massievere en kolossale productiekrachten dan alle voorgaande generaties samen

Nature's forces are subjugated to the will of man and his machinery

De krachten van de natuur zijn onderworpen aan de wil van de mens en zijn machinerie

chemistry is applied to all forms of industry and types of agriculture

Chemie wordt toegepast op alle vormen van industrie en soorten landbouw

steam-navigation, railways, electric telegraphs, and the printing press

stoomvaart, spoorwegen, elektrische telegrafen en de boekdrukkunst

clearing of whole continents for cultivation, canalisation of rivers

ontginning van hele continenten voor bebouwing, kanalisatie van rivieren

whole populations have been conjured out of the ground and put to work

Hele bevolkingsgroepen zijn uit de grond getoverd en aan het werk gezet

what earlier century had even a presentiment of what could be unleashed?

Welke vorige eeuw had zelfs maar een voorgevoel van wat er ontketend zou kunnen worden?

who predicted that such productive forces slumbered in the lap of social labour?

Wie had voorspeld dat zulke productiekrachten in de schoot van de maatschappelijke arbeid sluimerden?

we see then that the means of production and of exchange were generated in feudal society

We zien dus dat de productie- en ruilmiddelen in de feodale maatschappij werden voortgebracht

the means of production on whose foundation the Bourgeoisie built itself up

de productiemiddelen, op wier fundament de bourgeoisie zich bouwde

At a certain stage in the development of these means of production and of exchange

In een bepaald stadium van de ontwikkeling van deze productie- en ruilmiddelen

the conditions under which feudal society produced and exchanged

de omstandigheden waaronder de feodale maatschappij produceerde en ruilde

the feudal organisation of agriculture and manufacturing industry

De feodale organisatie van landbouw en verwerkende industrie

the feudal relations of property were no longer compatible with the material conditions

De feodale eigendomsverhoudingen waren niet meer verenigbaar met de materiële verhoudingen

They had to be burst asunder, so they were burst asunder

Ze moesten worden opengebarsten, dus werden ze uit elkaar gebarsten

Into their place stepped free competition from the productive forces

Daarvoor in de plaats kwam de vrije concurrentie van de productiekrachten

and they were accompanied by a social and political constitution adapted to it

en ze gingen vergezeld van een sociale en politieke grondwet die daaraan was aangepast

and it was accompanied by the economical and political sway of the Bourgeoisie class

en het ging gepaard met de economische en politieke heerschappij van de bourgeoisie

A similar movement is going on before our own eyes

Een soortgelijke beweging is voor onze eigen ogen gaande

Modern Bourgeoisie society with its relations of production, and of exchange, and of property

De moderne burgerlijke maatschappij met haar productie-, ruil- en eigendomsverhoudingen

a society that has conjured up such gigantic means of production and of exchange

een samenleving die zulke gigantische productie- en ruilmiddelen heeft tevoorschijn getoverd

it is like the sorcerer who called up the powers of the nether world

Het is als de tovenaar die de krachten van de onderwereld opriep

but he is no longer able to control what he has brought into the world

Maar hij is niet langer in staat om te controleren wat hij in de wereld heeft gebracht

For many a decade past history was tied together by a common thread

Gedurende vele decennia was de geschiedenis van het verleden met elkaar verbonden door een gemeenschappelijke draad

the history of industry and commerce has been but the history of revolts

De geschiedenis van de industrie en de handel is slechts de geschiedenis van de opstanden geweest

the revolts of modern productive forces against modern conditions of production

De opstanden van de moderne productiekrachten tegen de moderne productieverhoudingen

the revolts of modern productive forces against property relations

De opstanden van de moderne productiekrachten tegen de eigendomsverhoudingen

these property relations are the conditions for the existence of the Bourgeoisie

deze eigendomsverhoudingen zijn de voorwaarden voor het bestaan van de bourgeoisie

and the existence of the Bourgeoisie determines the rules for property relations

en het bestaan van de bourgeoisie bepaalt de regels voor de eigendomsverhoudingen

it is enough to mention the periodical return of commercial crises

Het is voldoende om de periodieke terugkeer van commerciële crises te vermelden

each commercial crisis is more threatening to Bourgeoisie society than the last

de ene commerciële crisis is bedreigender voor de bourgeoisie dan de vorige

In these crises a great part of the existing products are destroyed

In deze crises wordt een groot deel van de bestaande producten vernietigd

but these crises also destroy the previously created productive forces

Maar deze crises vernietigen ook de eerder gecreëerde productiekrachten

in all earlier epochs these epidemics would have seemed an absurdity

In alle vroegere tijdperken zouden deze epidemieën een absurditeit hebben geleken

because these epidemics are the commercial crises of over-production

Omdat deze epidemieën de commerciële crises van overproductie zijn

Society suddenly finds itself put back into a state of momentary barbarism

De samenleving bevindt zich plotseling weer in een staat van kortstondige barbaarsheid

as if a universal war of devastation had cut off every means of subsistence

Alsof een universele verwoestingsoorlog alle middelen van bestaan had afgesneden

industry and commerce seem to have been destroyed; and why?

industrie en handel lijken te zijn vernietigd; En waarom?

Because there is too much civilisation and means of subsistence

Omdat er te veel beschaving en bestaansmiddelen zijn

and because there is too much industry, and too much commerce

En omdat er te veel industrie is, en te veel commercie

The productive forces at the disposal of society no longer develop Bourgeoisie property

De productiekrachten die de maatschappij ter beschikking staan, ontwikkelen niet langer het eigendom van de bourgeoisie

on the contrary, they have become too powerful for these conditions, by which they are fettered

Integendeel, ze zijn te machtig geworden voor deze omstandigheden, waardoor ze worden geketend

as soon as they overcome these fetters, they bring disorder into the whole of Bourgeoisie society

zodra ze deze boeien overwinnen, brengen ze wanorde in de hele burgerlijke maatschappij

and the productive forces endanger the existence of Bourgeoisie property

en de productiekrachten brengen het bestaan van de bourgeoisie in gevaar

The conditions of Bourgeoisie society are too narrow to comprise the wealth created by them

De voorwaarden van de burgerlijke maatschappij zijn te eng om de door hen gecreëerde rijkdom te omvatten

And how does the Bourgeoisie get over these crises?

En hoe komt de bourgeoisie over deze crises heen?

On the one hand, it overcomes these crises by the enforced destruction of a mass of productive forces

Aan de ene kant overwint het deze crises door de gedwongen vernietiging van een massa productiekrachten

on the other hand, it overcomes these crises by the conquest of new markets

Aan de andere kant overwint het deze crises door de verovering van nieuwe markten

and it overcomes these crises by the more thorough exploitation of the old forces of production

En het overwint deze crises door een grondiger exploitatie van de oude productiekrachten

That is to say, by paving the way for more extensive and more destructive crises

Dat wil zeggen, door de weg vrij te maken voor uitgebreidere en destructievere crises

it overcomes the crisis by diminishing the means whereby crises are prevented

Het overwint de crisis door de middelen waarmee crises worden voorkomen te verminderen

The weapons with which the Bourgeoisie felled feudalism to the ground are now turned against itself

De wapens, waarmede de bourgeoisie het feodalisme ten gronde heeft gedolven, keren zich nu tegen haar

But not only has the Bourgeoisie forged the weapons that bring death to itself

Maar niet alleen heeft de bourgeoisie de wapens gesmeed die de dood over zichzelf brengen

it has also called into existence the men who are to wield those weapons

Het heeft ook de mannen in het leven geroepen die deze wapens moeten hanteren

and these men are the modern working class; they are the proletarians

En deze mannen zijn de moderne arbeidersklasse; Zij zijn de proletariërs

In proportion as the Bourgeoisie is developed, in the same proportion is the Proletariat developed

Naarmate de bourgeoisie zich ontwikkelt, ontwikkelt zich ook het proletariaat

the modern working class developed a class of labourers

De moderne arbeidersklasse ontwikkelde een klasse van arbeiders

this class of labourers live only so long as they find work

Deze klasse van arbeiders leeft slechts zolang ze werk vinden

and they find work only so long as their labour increases capital

En ze vinden alleen werk zolang hun arbeid het kapitaal verhoogt

These labourers, who must sell themselves piece-meal, are a commodity

Deze arbeiders, die zich stukje bij beetje moeten verkopen, zijn handelswaar

these labourers are like every other article of commerce

Deze arbeiders zijn net als elk ander handelsartikel

and they are consequently exposed to all the vicissitudes of competition

en ze staan dus bloot aan alle wisselvalligheden van de concurrentie

they have to weather all the fluctuations of the market

Ze moeten alle schommelingen van de markt doorstaan

Owing to the extensive use of machinery and to division of labour

Door het uitgebreide gebruik van machines en de arbeidsdeling

the work of the proletarians has lost all individual character

Het werk van de proletariërs heeft elk individueel karakter verloren

and consequently, the work of the proletarians has lost all charm for the workman

En dientengevolge heeft het werk van de proletariërs alle bekoring voor de arbeider verloren

He becomes an appendage of the machine, rather than the man he once was

Hij wordt een aanhangsel van de machine, in plaats van de man die hij ooit was

only the most simple, monotonous, and most easily acquired knack is required of him

Alleen de meest eenvoudige, eentonige en gemakkelijkst te verwerven vaardigheid wordt van hem verlangd

Hence, the cost of production of a workman is restricted

Daarom zijn de productiekosten van een arbeider beperkt

it is restricted almost entirely to the means of subsistence that he requires for his maintenance

het is bijna volledig beperkt tot de middelen van bestaan die hij nodig heeft voor zijn levensonderhoud

and it is restricted to the means of subsistence that he requires for the propagation of his race

en het is beperkt tot de middelen van bestaan die hij nodig heeft voor de voortplanting van zijn ras

But the price of a commodity, and therefore also of labour, is equal to its cost of production

Maar de prijs van een waar, en dus ook van arbeid, is gelijk aan haar productiekosten

In proportion, therefore, as the repulsiveness of the work increases, the wage decreases

Naarmate de weerzinwekkendheid van het werk toeneemt, daalt dus het loon

Nay, the repulsiveness of his work increases at an even greater rate

Ja, de weerzinwekkendheid van zijn werk neemt nog sneller toe

as the use of machinery and division of labour increases, so does the burden of toil

Naarmate het gebruik van machines en de arbeidsdeling toeneemt, neemt ook de last van het zwoegen toe

the burden of toil is increased by prolongation of the working hours

De last van het zwoegen wordt verhoogd door verlenging van de werktijden

more is expected of the labourer in the same time as before

Er wordt meer van de arbeider verwacht in dezelfde tijd als voorheen

and of course the burden of the toil is increased by the speed of the machinery

En natuurlijk wordt de last van het zwoegen verhoogd door de snelheid van de machines

Modern industry has converted the little workshop of the patriarchal master into the great factory of the industrial capitalist

De moderne industrie heeft de kleine werkplaats van de
patriarchale meester veranderd in de grote fabriek van de
industriële kapitalist

**Masses of labourers, crowded into the factory, are organised
like soldiers**

Massa's arbeiders, opeengepakt in de fabriek, zijn
georganiseerd als soldaten

**As privates of the industrial army they are placed under the
command of a perfect hierarchy of officers and sergeants**

Als soldaten van het industriële leger worden ze onder het
bevel geplaatst van een perfecte hiërarchie van officieren en
sergeanten

**they are not only the slaves of the Bourgeoisie class and
State**

zij zijn niet alleen de slaven van de bourgeoisieklasse en de
staat

but they are also daily and hourly enslaved by the machine

Maar ze worden ook dagelijks en elk uur tot slaaf gemaakt
door de machine

**they are enslaved by the over-looker, and, above all, by the
individual Bourgeoisie manufacturer himself**

zij worden tot slaaf gemaakt door de opzichter en vooral door
de individuele bourgeoisiefabrikant zelf

**The more openly this despotism proclaims gain to be its end
and aim, the more petty, the more hateful and the more
embittering it is**

Hoe openlijker dit despotisme winst als doel en doel
verkondigt, hoe kleinzieliger, hoe hatelijker en verbitterender
het is

**the more modern industry becomes developed, the lesser are
the differences between the sexes**

Hoe moderner de industrie zich ontwikkelt, des te kleiner zijn
de verschillen tussen de seksen

**The less the skill and exertion of strength implied in manual
labour, the more is the labour of men superseded by that of
women**

Hoe minder de vaardigheid en de krachtsinspanning van handenarbeid zijn, des te meer wordt de arbeid van mannen vervangen door die van vrouwen

Differences of age and sex no longer have any distinctive social validity for the working class

Verschillen in leeftijd en geslacht hebben geen onderscheidende sociale geldigheid meer voor de arbeidersklasse

All are instruments of labour, more or less expensive to use, according to their age and sex

Het zijn allemaal arbeidswerktuigen, meer of minder duur in gebruik, afhankelijk van hun leeftijd en geslacht

as soon as the labourer receives his wages in cash, than he is set upon by the other portions of the Bourgeoisie

zodra de arbeider zijn loon in contanten ontvangt, dan wordt hij door de andere delen van de bourgeoisie in dienst genomen

the landlord, the shopkeeper, the pawnbroker, etc

de huisbaas, de winkelier, de pandjesbaas, enz

The lower strata of the middle class; the small trades people and shopkeepers

De onderste lagen van de middenklasse; de kleine ambachtslieden en winkeliers

the retired tradesmen generally, and the handicraftsmen and peasants

de gepensioneerde handelaars in het algemeen, en de handwerkslieden en boeren

all these sink gradually into the Proletariat

al deze dingen zinken geleidelijk weg in het proletariaat

partly because their diminutive capital does not suffice for the scale on which Modern Industry is carried on

deels omdat hun geringe kapitaal niet voldoende is voor de schaal waarop de moderne industrie wordt uitgeoefend

and because it is swamped in the competition with the large capitalists

en omdat het wordt overspoeld door de concurrentie met de grote kapitalisten

partly because their specialized skill is rendered worthless by the new methods of production

deels omdat hun gespecialiseerde vaardigheid waardeloos wordt door de nieuwe productiemethoden

Thus the Proletariat is recruited from all classes of the population

Het proletariaat wordt dus gerekruteerd uit alle klassen van de bevolking

The Proletariat goes through various stages of development

Het proletariaat doorloopt verschillende stadia van ontwikkeling

With its birth begins its struggle with the Bourgeoisie

Met zijn geboorte begint zijn strijd met de bourgeoisie

At first the contest is carried on by individual labourers

In eerste instantie wordt de wedstrijd gevoerd door individuele arbeiders

then the contest is carried on by the workpeople of a factory

Vervolgens wordt de wedstrijd voortgezet door de arbeiders van een fabriek

then the contest is carried on by the operatives of one trade, in one locality

Vervolgens wordt de wedstrijd voortgezet door de arbeiders van één ambacht, in één plaats

and the contest is then against the individual Bourgeoisie who directly exploits them

en de strijd is dan tegen de individuele bourgeoisie die ze rechtstreeks uitbuit

They direct their attacks not against the Bourgeoisie conditions of production

Zij richten hun aanvallen niet op de productieverhoudingen van de bourgeoisie

but they direct their attack against the instruments of production themselves

Maar ze richten hun aanval op de productiemiddelen zelf

they destroy imported wares that compete with their labour

Ze vernietigen geïmporteerde waren die concurreren met hun arbeid

they smash to pieces machinery and they set factories ablaze

Ze slaan machines aan stukken en ze steken fabrieken in brand

they seek to restore by force the vanished status of the workman of the Middle Ages

ze proberen met geweld de verdwenen status van de arbeider uit de Middeleeuwen te herstellen

At this stage the labourers still form an incoherent mass scattered over the whole country

In dit stadium vormen de arbeiders nog steeds een onsamenhangende massa, verspreid over het hele land

and they are broken up by their mutual competition

En ze worden uiteengevallen door hun onderlinge concurrentie

If anywhere they unite to form more compact bodies, this is not yet the consequence of their own active union

Als ze zich ergens verenigen om compactere lichamen te vormen, is dit nog niet het gevolg van hun eigen actieve vereniging

but it is a consequence of the union of the Bourgeoisie, to attain its own political ends

maar het is een gevolg van de vereniging van de bourgeoisie, om haar eigen politieke doelen te bereiken

the Bourgeoisie is compelled to set the whole Proletariat in motion

de bourgeoisie is genoodzaakt het gehele proletariaat in beweging te zetten

and moreover, for a time being, the Bourgeoisie is able to do so

en bovendien kan de bourgeoisie dat voorlopig doen

At this stage, therefore, the proletarians do not fight their enemies

In dit stadium bestrijden de proletariërs hun vijanden dus niet

but instead they are fighting the enemies of their enemies
Maar in plaats daarvan vechten ze tegen de vijanden van hun vijanden
the fight the remnants of absolute monarchy and the landowners
de strijd tegen de restanten van de absolute monarchie en de grootgrondbezitters
they fight the non-industrial Bourgeoisie; the petty Bourgeoisie
ze bestrijden de niet-industriële bourgeoisie; de kleinburgerij
Thus the whole historical movement is concentrated in the hands of the Bourgeoisie
Zo is de gehele historische beweging geconcentreerd in de handen van de bourgeoisie
every victory so obtained is a victory for the Bourgeoisie
elke aldus behaalde overwinning is een overwinning voor de bourgeoisie
But with the development of industry the Proletariat not only increases in number
Maar met de ontwikkeling van de industrie neemt het proletariaat niet alleen in aantal toe
the Proletariat becomes concentrated in greater masses and its strength grows
het proletariaat concentreert zich in grotere massa's en zijn kracht groeit
and the Proletariat feels that strength more and more
en het proletariaat voelt die kracht meer en meer
The various interests and conditions of life within the ranks of the Proletariat are more and more equalised
De verschillende belangen en levensomstandigheden binnen de gelederen van het proletariaat worden steeds meer op elkaar afgestemd
they become more in proportion as machinery obliterates all distinctions of labour
Ze worden meer in verhouding naarmate de machinerie alle verschillen in arbeid uitwist

and machinery nearly everywhere reduces wages to the same low level

En machines verlagen bijna overal de lonen tot hetzelfde lage niveau

The growing competition among the Bourgeoisie, and the resulting commercial crises, make the wages of the workers ever more fluctuating

De toenemende concurrentie tussen de bourgeoisie en de daaruit voortvloeiende commerciële crises doen de lonen van de arbeiders steeds meer fluctueren

The unceasing improvement of machinery, ever more rapidly developing, makes their livelihood more and more precarious

De onophoudelijke verbetering van de machines, die zich steeds sneller ontwikkelen, maakt hun levensonderhoud steeds onzekerder

the collisions between individual workmen and individual Bourgeoisie take more and more the character of collisions between two classes

de botsingen tussen individuele arbeiders en individuele bourgeoisie krijgen meer en meer het karakter van botsingen tussen twee klassen

Thereupon the workers begin to form combinations (Trades Unions) against the Bourgeoisie

Daarop beginnen de arbeiders zich te verenigen (vakbonden) tegen de bourgeoisie

they club together in order to keep up the rate of wages

Ze slaan de handen ineen om de lonen op peil te houden

they found permanent associations in order to make provision beforehand for these occasional revolts

Zij richtten permanente verenigingen op om van tevoren voorzieningen te treffen voor deze incidentele opstanden

Here and there the contest breaks out into riots

Hier en daar ontaardt de wedstrijd in rellen

Now and then the workers are victorious, but only for a time

Af en toe zegevieren de arbeiders, maar slechts voor een tijd

The real fruit of their battles lies, not in the immediate result, but in the ever-expanding union of the workers

De werkelijke vrucht van hun strijd ligt niet in het onmiddellijke resultaat, maar in de steeds groter wordende vakbond van de arbeiders

This union is helped on by the improved means of communication that are created by modern industry

Deze unie wordt geholpen door de verbeterde communicatiemiddelen die door de moderne industrie zijn gecreëerd

modern communication places the workers of different localities in contact with one another

Moderne communicatie brengt de arbeiders van verschillende plaatsen met elkaar in contact

It was just this contact that was needed to centralise the numerous local struggles into one national struggle between classes

Het was precies dit contact dat nodig was om de talrijke lokale strijd te centraliseren tot één nationale strijd tussen de klassen

all of these struggles are of the same character, and every class struggle is a political struggle

Al deze strijden hebben hetzelfde karakter en elke klassenstrijd is een politieke strijd

the burghers of the Middle Ages, with their miserable highways, required centuries to form their unions

de burgers van de Middeleeuwen, met hun ellendige snelwegen, hadden eeuwen nodig om hun vakbonden te vormen

the modern proletarians, thanks to railways, achieve their unions within a few years

De moderne proletariërs bereiken, dank zij de spoorwegen, binnen enkele jaren hun vakbonden

This organisation of the proletarians into a class consequently formed them into a political party

Deze organisatie van de proletariërs tot een klasse vormde hen dus tot een politieke partij

the political class is continually being upset again by the competition between the workers themselves

De politieke klasse wordt voortdurend opnieuw van streek gemaakt door de concurrentie tussen de arbeiders onderling

But the political class continues to rise up again, stronger, firmer, mightier

Maar de politieke klasse blijft weer opstaan, sterker, steviger, machtiger

It compels legislative recognition of particular interests of the workers

Het dwingt de wetgever tot erkenning van de bijzondere belangen van de werknemers

it does this by taking advantage of the divisions among the Bourgeoisie itself

zij doet dit door gebruik te maken van de verdeeldheid onder de bourgeoisie zelf

Thus the ten-hours' bill in England was put into law

Zo werd de tienurenwet in Engeland in wet omgezet

in many ways the collisions between the classes of the old society further is the course of development of the Proletariat

in veel opzichten is de botsing tussen de klassen van de oude maatschappij verder de ontwikkelingskoers van het proletariaat

The Bourgeoisie finds itself involved in a constant battle

De bourgeoisie is verwikkeld in een voortdurende strijd

At first it will find itself involved in a constant battle with the aristocracy

In het begin zal het verwikkeld raken in een constante strijd met de aristocratie

later on it will find itself involved in a constant battle with those portions of the Bourgeoisie itself

later zal zij verwikkeld raken in een voortdurende strijd met die delen van de bourgeoisie zelf

and their interests will have become antagonistic to the progress of industry

en hun belangen zullen vijandig zijn geworden tegenover de
vooruitgang van de industrie

**at all times, their interests will have become antagonistic
with the Bourgeoisie of foreign countries**

te allen tijde zullen hun belangen vijandig zijn geworden met
de bourgeoisie van het buitenland

**In all these battles it sees itself compelled to appeal to the
Proletariat, and asks for its help**

In al deze gevechten ziet zij zich genoodzaakt een beroep te
doen op het proletariaat en vraagt haar om hulp

**and thus, it will feel compelled to drag it into the political
arena**

En dus zal het zich gedwongen voelen om het in de politieke
arena te slepen

**The Bourgeoisie itself, therefore, supplies the Proletariat
with its own instruments of political and general education**

De bourgeoisie zelf verschaft het proletariaat dus haar eigen
instrumenten voor politieke en algemene opvoeding

**in other words, it furnishes the Proletariat with weapons for
fighting the Bourgeoisie**

met andere woorden, het verschaft het proletariaat wapens
om de bourgeoisie te bestrijden

**Further, as we have already seen, entire sections of the
ruling classes are precipitated into the Proletariat**

Verder worden, zoals we al zagen, hele delen van de
heersende klassen in het proletariaat gestort

the advance of industry sucks them into the Proletariat

de opmars van de industrie zuigt hen in het proletariaat

**or, at least, they are threatened in their conditions of
existence**

Of ze worden in ieder geval bedreigd in hun
bestaansomstandigheden

**These also supply the Proletariat with fresh elements of
enlightenment and progress**

Deze voorzien het proletariaat ook van nieuwe elementen van
verlichting en vooruitgang

Finally, in times when the class struggle nears the decisive hour

Tenslotte, in tijden waarin de klassenstrijd het beslissende uur nadert

the process of dissolution going on within the ruling class

het proces van ontbinding dat gaande is binnen de heersende klasse

in fact, the dissolution going on within the ruling class will be felt within the whole range of society

In feite zal de ontbinding die binnen de heersende klasse aan de gang is, voelbaar zijn in het hele bereik van de samenleving

it will take on such a violent, glaring character, that a small section of the ruling class cuts itself adrift

Het zal zo'n gewelddadig, in het oog springend karakter krijgen, dat een klein deel van de heersende klasse zich op drift snijdt

and that ruling class will join the revolutionary class

En die heersende klasse zal zich aansluiten bij de revolutionaire klasse

the revolutionary class being the class that holds the future in its hands

De revolutionaire klasse is de klasse die de toekomst in handen heeft

Just as at an earlier period, a section of the nobility went over to the Bourgeoisie

Net als in een vroegere periode ging een deel van de adel over naar de bourgeoisie

the same way a portion of the Bourgeoisie will go over to the Proletariat

op dezelfde manier zal een deel van de bourgeoisie overgaan naar het proletariaat

in particular, a portion of the Bourgeoisie will go over to a portion of the Bourgeoisie ideologists

in het bijzonder zal een deel van de bourgeoisie overgaan naar een deel van de bourgeoisie-ideologen

Bourgeoisie ideologists who have raised themselves to the level of comprehending theoretically the historical movement as a whole

Bourgeoisie-ideologen die zichzelf hebben verheven tot het niveau van het theoretisch begrijpen van de historische beweging als geheel

Of all the classes that stand face to face with the Bourgeoisie today, the Proletariat alone is a really revolutionary class

Van alle klassen die vandaag de dag tegenover de bourgeoisie staan, is alleen het proletariaat een werkelijk revolutionaire klasse

The other classes decay and finally disappear in the face of Modern Industry

De andere klassen vervallen en verdwijnen uiteindelijk in het aangezicht van de moderne industrie

the Proletariat is its special and essential product

het proletariaat is zijn bijzonder en essentieel product

The lower middle class, the small manufacturer, the shopkeeper, the artisan, the peasant

De lagere middenklasse, de kleine fabrikant, de winkelier, de ambachtsman, de boer

all these fight against the Bourgeoisie

al deze strijden tegen de bourgeoisie

they fight as fractions of the middle class to save themselves from extinction

Ze vechten als fracties van de middenklasse om zichzelf voor uitsterven te behoeden

They are therefore not revolutionary, but conservative

Ze zijn dus niet revolutionair, maar conservatief

Nay more, they are reactionary, for they try to roll back the wheel of history

Sterker nog, ze zijn reactionair, want ze proberen het wiel van de geschiedenis terug te draaien

If by chance they are revolutionary, they are so only in view of their impending transfer into the Proletariat

Als ze toevallig revolutionair zijn, dan zijn ze dat alleen met het oog op hun op handen zijnde overgang naar het proletariaat

they thus defend not their present, but their future interests

Zij verdedigen dus niet hun huidige, maar hun toekomstige belangen

they desert their own standpoint to place themselves at that of the Proletariat

zij verlaten hun eigen standpunt om zich te schikken naar dat van het proletariaat

The "dangerous class," the social scum, that passively rotting mass thrown off by the lowest layers of old society

De 'gevaarlijke klasse', het sociale tuig, die passief rottende massa die door de onderste lagen van de oude samenleving is afgeworpen

they may, here and there, be swept into the movement by a proletarian revolution

Ze kunnen hier en daar door een proletarische revolutie in de beweging worden meegesleurd

its conditions of life, however, prepare it far more for the part of a bribed tool of reactionary intrigue

Zijn levensomstandigheden bereiden hem echter veel meer voor op de rol van een omgekocht werktuig van reactionaire intriges

In the conditions of the Proletariat, those of old society at large are already virtually swamped

In de omstandigheden van het proletariaat zijn die van de oude maatschappij in het algemeen al praktisch overspoeld

The proletarian is without property

De proletariër is zonder eigendom

his relation to his wife and children has no longer anything in common with the Bourgeoisie's family-relations

zijn verhouding tot zijn vrouw en kinderen heeft niets meer gemeen met de familieverhoudingen van de bourgeoisie

modern industrial labour, modern subjection to capital, the same in England as in France, in America as in Germany

moderne industriële arbeid, moderne onderwerping aan het kapitaal, in Engeland hetzelfde als in Frankrijk, in Amerika als in Duitsland

his condition in society has stripped him of every trace of national character

Zijn maatschappelijke toestand heeft hem ontdaan van elk spoor van nationaal karakter

Law, morality, religion, are to him so many Bourgeoisie prejudices

Recht, moraal, religie, zijn voor hem evenzovele vooroordelen van de bourgeoisie

and behind these prejudices lurk in ambush just as many Bourgeoisie interests

en achter deze vooroordelen schuilen in een hinderlaag, net zoals veel belangen van de bourgeoisie

All the preceding classes that got the upper hand, sought to fortify their already acquired status

Alle voorgaande klassen die de overhand kregen, probeerden hun reeds verworven status te versterken

they did this by subjecting society at large to their conditions of appropriation

Ze deden dit door de samenleving als geheel te onderwerpen aan hun toe-eigeningsvoorwaarden

The proletarians cannot become masters of the productive forces of society

De proletariërs kunnen geen meester worden van de productiekrachten van de maatschappij

it can only do this by abolishing their own previous mode of appropriation

Zij kan dit alleen doen door haar eigen vroegere wijze van toe-eigening af te schaffen

and thereby it also abolishes every other previous mode of appropriation

en daarmee schaft het ook elke andere eerdere wijze van toe-eigening af

They have nothing of their own to secure and to fortify

Ze hebben niets van zichzelf om veilig te stellen en te versterken

their mission is to destroy all previous securities for, and insurances of, individual property

Hun missie is het vernietigen van alle eerdere zekerheden voor en verzekeringen van individuele eigendommen

All previous historical movements were movements of minorities

Alle voorgaande historische bewegingen waren bewegingen van minderheden

or they were movements in the interests of minorities

Of het waren bewegingen in het belang van minderheden

The proletarian movement is the self-conscious, independent movement of the immense majority

De proletarische beweging is de zelfbewuste, onafhankelijke beweging van de overgrote meerderheid

and it is a movement in the interests of the immense majority

En het is een beweging in het belang van de overgrote meerderheid

The Proletariat, the lowest stratum of our present society

Het proletariaat, de onderste laag van onze huidige samenleving

it cannot stir or raise itself up without the whole superincumbent strata of official society being sprung into the air

Het kan zich niet verheffen of verheffen zonder dat de hele bovenliggende lagen van de officiële samenleving in de lucht worden gesprongen

Though not in substance, yet in form, the struggle of the Proletariat with the Bourgeoisie is at first a national struggle

Hoewel niet in inhoud, maar toch in vorm, is de strijd van het proletariaat met de bourgeoisie in de eerste plaats een nationale strijd

The Proletariat of each country must, of course, first of all settle matters with its own Bourgeoisie

Het proletariaat van elk land moet natuurlijk in de eerste plaats de zaken met zijn eigen bourgeoisie regelen

In depicting the most general phases of the development of the Proletariat, we traced the more or less veiled civil war

Bij het beschrijven van de meest algemene fasen van de ontwikkeling van het proletariaat hebben we de min of meer verhulde burgeroorlog getraceerd

this civil is raging within existing society

Deze burgerschap woedt binnen de bestaande samenleving

it will rage up to the point where that war breaks out into open revolution

Het zal woeden tot het punt waarop die oorlog uitbreekt in een openlijke revolutie

and then the violent overthrow of the Bourgeoisie lays the foundation for the sway of the Proletariat

en dan legt de gewelddadige omverwerping van de bourgeoisie de basis voor de heerschappij van het proletariaat

Hitherto, every form of society has been based, as we have already seen, on the antagonism of oppressing and oppressed classes

Tot nu toe was elke maatschappijvorm, zoals we al zagen, gebaseerd op het antagonisme van onderdrukkende en onderdrukte klassen

But in order to oppress a class, certain conditions must be assured to it

Maar om een klasse te onderdrukken, moeten bepaalde voorwaarden aan haar worden verzekerd

the class must be kept under conditions in which it can, at least, continue its slavish existence

De klasse moet onder omstandigheden worden gehouden waarin zij ten minste haar slaafse bestaan kan voortzetten

The serf, in the period of serfdom, raised himself to membership in the commune

De lijfeigene verhief zich in de periode van de lijfeigenschap tot het lidmaatschap van de commune

just as the petty Bourgeoisie, under the yoke of feudal absolutism, managed to develop into a Bourgeoisie

net zoals de kleinburgerij, onder het juk van het feodale absolutisme, zich wist te ontwikkelen tot een bourgeoisie

The modern labourer, on the contrary, instead of rising with the progress of industry, sinks deeper and deeper

In plaats van met de vooruitgang van de industrie op te klimmen, zinkt de moderne arbeider daarentegen dieper en dieper weg

he sinks below the conditions of existence of his own class

Hij zakt weg onder de bestaansvoorwaarden van zijn eigen klasse

He becomes a pauper, and pauperism develops more rapidly than population and wealth

Hij wordt een pauper, en het pauperisme ontwikkelt zich sneller dan de bevolking en de rijkdom

And here it becomes evident, that the Bourgeoisie is unfit any longer to be the ruling class in society

En hier wordt duidelijk, dat de bourgeoisie niet langer de heersende klasse in de maatschappij kan zijn

and it is unfit to impose its conditions of existence upon society as an over-riding law

en het is ongeschikt om zijn bestaansvoorwaarden aan de samenleving op te leggen als een allesoverheersende wet

It is unfit to rule because it is incompetent to assure an existence to its slave within his slavery

Het is ongeschikt om te regeren omdat het onbekwaam is om zijn slaaf een bestaan in zijn slavernij te verzekeren

because it cannot help letting him sink into such a state, that it has to feed him, instead of being fed by him

Omdat het niet anders kan dan hem in zo'n toestand te laten wegzinken, dat het hem moet voeden, in plaats van door hem gevoed te worden

Society can no longer live under this Bourgeoisie

De maatschappij kan niet langer leven onder deze bourgeoisie

in other words, its existence is no longer compatible with society

Met andere woorden, het bestaan ervan is niet langer verenigbaar met de samenleving

The essential condition for the existence, and for the sway of the Bourgeoisie class, is the formation and augmentation of capital

De essentiële voorwaarde voor het bestaan en voor de heerschappij van de bourgeoisie is de vorming en uitbreiding van het kapitaal

the condition for capital is wage-labour

De voorwaarde voor kapitaal is loonarbeid

Wage-labour rests exclusively on competition between the labourers

Loonarbeid berust uitsluitend op concurrentie tussen de arbeiders

The advance of industry, whose involuntary promoter is the Bourgeoisie, replaces the isolation of the labourers

De vooruitgang van de industrie, waarvan de bourgeoisie de onvrijwillige bevorderaar is, vervangt het isolement van de arbeiders

due to competition, due to their revolutionary combination, due to association

door concurrentie, door hun revolutionaire combinatie, door associatie

The development of Modern Industry cuts from under its feet the very foundation on which the Bourgeoisie produces and appropriates products

De ontwikkeling van de moderne industrie snijdt onder haar voeten het fundament weg waarop de bourgeoisie producten produceert en zich toe-eigent

What the Bourgeoisie produces, above all, is its own grave-diggers

Wat de bourgeoisie vooral voortbrengt, zijn haar eigen doodgravers

The fall of the Bourgeoisie and the victory of the Proletariat are equally inevitable
De val van de bourgeoisie en de overwinning van het proletariaat zijn even onvermijdelijk

Proletarians and Communists
Proletariërs en communisten

In what relation do the Communists stand to the proletarians as a whole?

In welke verhouding staan de communisten tot de proletariërs in hun geheel?

The Communists do not form a separate party opposed to other working-class parties

De communisten vormen geen aparte partij die zich verzet tegen andere arbeiderspartijen

They have no interests separate and apart from those of the proletariat as a whole

Zij hebben geen belangen die los staan van die van het proletariaat in zijn geheel

They do not set up any sectarian principles of their own, by which to shape and mould the proletarian movement

Ze stellen geen eigen sektarische principes op om de proletarische beweging vorm te geven en te kneden

The Communists are distinguished from the other working-class parties by only two things

De communisten onderscheiden zich van de andere arbeiderspartijen slechts door twee dingen

Firstly, they point out and bring to the front the common interests of the entire proletariat, independently of all nationality

In de eerste plaats wijzen zij op de gemeenschappelijke belangen van het gehele proletariaat, onafhankelijk van alle nationaliteiten, en brengen zij deze naar voren

this they do in the national struggles of the proletarians of the different countries

Dit doen ze in de nationale strijd van de proletariërs van de verschillende landen

Secondly, they always and everywhere represent the interests of the movement as a whole

Ten tweede vertegenwoordigen zij altijd en overal de belangen van de beweging als geheel

this they do in the various stages of development, which the struggle of the working class against the Bourgeoisie has to pass through

dit doen zij in de verschillende stadia van ontwikkeling, die de strijd van de arbeidersklasse tegen de bourgeoisie moet doormaken

The Communists, therefore, are on the one hand, practically, the most advanced and resolute section of the working-class parties of every country

De communisten zijn dus aan de ene kant praktisch het meest vooruitstrevende en vastberaden deel van de arbeiderspartijen van elk land

they are that section of the working class which pushes forward all others

Zij zijn dat deel van de arbeidersklasse dat alle anderen vooruit duwt

theoretically, they also have the advantage of clearly understanding the line of march

Theoretisch hebben ze ook het voordeel dat ze de marslijn duidelijk begrijpen

this they understand better compared the great mass of the proletariat

Dit begrijpen ze beter in vergelijking met de grote massa van het proletariaat

they understand the conditions, and the ultimate general results of the proletarian movement

Zij begrijpen de voorwaarden en de uiteindelijke algemene resultaten van de proletarische beweging

The immediate aim of the Communist is the same as that of all the other proletarian parties

Het onmiddellijke doel van de communist is hetzelfde als dat van alle andere proletarische partijen

their aim is the formation of the proletariat into a class

Hun doel is de vorming van het proletariaat tot een klasse

they aim to overthrow the Bourgeoisie supremacy

ze streven ernaar de suprematie van de bourgeoisie omver te werpen

the strive for the conquest of political power by the proletariat

het streven naar de verovering van de politieke macht door het proletariaat

The theoretical conclusions of the Communists are in no way based on ideas or principles of reformers

De theoretische conclusies van de communisten zijn op geen enkele manier gebaseerd op ideeën of principes van hervormers

it wasn't would-be universal reformers that invented or discovered the theoretical conclusions of the Communists

het waren geen zogenaamde universele hervormers die de theoretische conclusies van de communisten uitvonden of ontdekten

They merely express, in general terms, actual relations springing from an existing class struggle

Zij drukken slechts in algemene termen de werkelijke verhoudingen uit die voortkomen uit een bestaande klassenstrijd

and they describe the historical movement going on under our very eyes that have created this class struggle

En ze beschrijven de historische beweging die zich onder onze ogen afspeelt en die deze klassenstrijd heeft gecreëerd

The abolition of existing property relations is not at all a distinctive feature of Communism

De afschaffing van de bestaande eigendomsverhoudingen is geenszins een onderscheidend kenmerk van het communisme

All property relations in the past have continually been subject to historical change

Alle eigendomsverhoudingen in het verleden zijn voortdurend onderhevig geweest aan historische veranderingen

and these changes were consequent upon the change in historical conditions

En deze veranderingen waren het gevolg van de verandering in de historische omstandigheden

The French Revolution, for example, abolished feudal property in favour of Bourgeoisie property

De Franse Revolutie, bijvoorbeeld, schafte het feodale eigendom af ten gunste van het bourgeoisie eigendom

The distinguishing feature of Communism is not the abolition of property, generally

Het onderscheidende kenmerk van het communisme is niet de afschaffing van eigendom, in het algemeen

but the distinguishing feature of Communism is the abolition of Bourgeoisie property

maar het onderscheidende kenmerk van het communisme is de afschaffing van het eigendom van de bourgeoisie

But modern Bourgeoisie private property is the final and most complete expression of the system of producing and appropriating products

Maar de moderne bourgeoisie is de laatste en meest volledige uitdrukking van het systeem van productie en toe-eigening van producten

it is the final state of a system that is based on class antagonisms, where class antagonism is the exploitation of the many by the few

Het is de eindtoestand van een systeem dat gebaseerd is op klassentegenstellingen, waarbij klassentegenstellingen de uitbuiting van velen door weinigen zijn

In this sense, the theory of the Communists may be summed up in the single sentence; the Abolition of private property

In die zin kan de theorie van de communisten in één zin worden samengevat; de afschaffing van privé-eigendom

We Communists have been reproached with the desire of abolishing the right of personally acquiring property

Aan ons, communisten, is de wens verweten om het recht op het persoonlijk verwerven van eigendom af te schaffen

it is claimed that this property is the fruit of a man's own labour

Er wordt beweerd dat deze eigenschap de vrucht is van de eigen arbeid van een man

and this property is alleged to be the groundwork of all personal freedom, activity and independence.

En dit eigendom zou de basis zijn van alle persoonlijke vrijheid, activiteit en onafhankelijkheid.

"Hard-won, self-acquired, self-earned property!"

"Zwaarbevochten, zelf verworven, zelfverdiend eigendom!"

Do you mean the property of the petty artisan and of the small peasant?

Bedoelt u het eigendom van de kleine handwerksman en van de kleine boer?

Do you mean a form of property that preceded the Bourgeoisie form?

Bedoelt u een vorm van eigendom die voorafging aan de vorm van de bourgeoisie?

There is no need to abolish that, the development of industry has to a great extent already destroyed it

Het is niet nodig om dat af te schaffen, de ontwikkeling van de industrie heeft het al voor een groot deel vernietigd

and development of industry is still destroying it daily

En de ontwikkeling van de industrie vernietigt het nog dagelijks

Or do you mean modern Bourgeoisie private property?

Of bedoelt u het privé-eigendom van de moderne bourgeoisie?

But does wage-labour create any property for the labourer?

Maar schept de loonarbeid enig eigendom voor de arbeider?

no, wage labour creates not one bit of this kind of property!

Neen, loonarbeid schept niets van dit soort eigendommen!

what wage labour does create is capital; that kind of property which exploits wage-labour

Wat loonarbeid creëert, is kapitaal; dat soort eigendom dat loonarbeid uitbuit

capital cannot increase except upon condition of begetting a new supply of wage-labour for fresh exploitation

Het kapitaal kan alleen toenemen op voorwaarde dat het een nieuw aanbod van loonarbeid voor nieuwe uitbuiting verwekt

Property, in its present form, is based on the antagonism of capital and wage-labour

Eigendom, in zijn huidige vorm, is gebaseerd op de tegenstelling tussen kapitaal en loonarbeid

Let us examine both sides of this antagonism

Laten we beide kanten van dit antagonisme onderzoeken

To be a capitalist is to have not only a purely personal status

Kapitalist zijn betekent niet alleen een zuiver persoonlijke status hebben

instead, to be a capitalist is also to have a social status in production

In plaats daarvan is kapitalist zijn ook het hebben van een sociale status in de productie

because capital is a collective product; only by the united action of many members can it be set in motion

omdat kapitaal een collectief product is; Alleen door de gezamenlijke actie van vele leden kan het in gang worden gezet

but this united action is a last resort, and actually requires all members of society

Maar deze gezamenlijke actie is een laatste redmiddel en vereist in feite alle leden van de samenleving

Capital does get converted into the property of all members of society

Kapitaal wordt omgezet in het eigendom van alle leden van de samenleving

but Capital is, therefore, not a personal power; it is a social power

maar het kapitaal is dus geen persoonlijke macht; Het is een sociale macht

so when capital is converted into social property, personal property is not thereby transformed into social property

Wanneer kapitaal dus wordt omgezet in maatschappelijk
eigendom, wordt persoonlijk eigendom daarmee niet omgezet
in maatschappelijk eigendom

**It is only the social character of the property that is changed,
and loses its class-character**

Het is alleen het sociale karakter van het eigendom dat wordt
veranderd en zijn klassenkarakter verliest

Let us now look at wage-labour

Laten we nu eens kijken naar loonarbeid

**The average price of wage-labour is the minimum wage, i.e.,
that quantum of the means of subsistence**

De gemiddelde prijs van de loonarbeid is het minimumloon,
d.w.z. het bedrag van de bestaansmiddelen

**this wage is absolutely requisite in bare existence as a
labourer**

Dit loon is absoluut noodzakelijk voor het naakte bestaan als
arbeider

**What, therefore, the wage-labourer appropriates by means of
his labour, merely suffices to prolong and reproduce a bare
existence**

Wat de loonarbeider zich dus door zijn arbeid toe-eigent, is
slechts voldoende om een naakt bestaan te verlengen en te
reproduceren

**We by no means intend to abolish this personal
appropriation of the products of labour**

Wij zijn geenszins van plan deze persoonlijke toe-eigening van
de producten van de arbeid af te schaffen

**an appropriation that is made for the maintenance and
reproduction of human life**

een toe-eigening die is gemaakt voor het onderhoud en de
reproductie van het menselijk leven

**such personal appropriation of the products of labour leave
no surplus wherewith to command the labour of others**

Een dergelijke persoonlijke toe-eigening van de producten van
de arbeid laat geen overschot over waarmee de arbeid van
anderen kan worden opgeëist

All that we want to do away with, is the miserable character of this appropriation

Het enige wat we willen afschaffen is het ellendige karakter van deze toe-eigening

the appropriation under which the labourer lives merely to increase capital

de toe-eigening waarvan de arbeider leeft, alleen maar om het kapitaal te vermeerderen

he is allowed to live only in so far as the interest of the ruling class requires it

Hij mag alleen leven voor zover het belang van de heersende klasse dit vereist

In Bourgeoisie society, living labour is but a means to increase accumulated labour

In de bourgeoisiemaatschappij is levende arbeid slechts een middel om de geaccumuleerde arbeid te vergroten

In Communist society, accumulated labour is but a means to widen, to enrich, to promote the existence of the labourer

In de communistische maatschappij is de geaccumuleerde arbeid slechts een middel om het bestaan van de arbeider te verbreden, te verrijken en te bevorderen

In Bourgeoisie society, therefore, the past dominates the present

In de bourgeoisiemaatschappij domineert het verleden dus het heden

in Communist society the present dominates the past

in de communistische samenleving domineert het heden het verleden

In Bourgeoisie society capital is independent and has individuality

In de bourgeoisie is het kapitaal onafhankelijk en heeft het individualiteit

In Bourgeoisie society the living person is dependent and has no individuality

In de bourgeoisiemaatschappij is de levende mens afhankelijk en heeft hij geen individualiteit

And the abolition of this state of things is called by the Bourgeoisie, abolition of individuality and freedom!

En de afschaffing van deze stand van zaken wordt door de bourgeoisie de afschaffing van individualiteit en vrijheid genoemd!

And it is rightly called the abolition of individuality and freedom!

En het wordt terecht de afschaffing van individualiteit en vrijheid genoemd!

Communism aims for the abolition of Bourgeoisie individuality

Het communisme streeft naar de afschaffing van de individualiteit van de bourgeoisie

Communism intends for the abolition of Bourgeoisie independence

Het communisme streeft naar de afschaffing van de onafhankelijkheid van de bourgeoisie

Bourgeoisie freedom is undoubtedly what communism is aiming at

De vrijheid van de bourgeoisie is ongetwijfeld waar het communisme naar streeft

under the present Bourgeoisie conditions of production, freedom means free trade, free selling and buying

Onder de huidige burgerlijke productieverhoudingen betekent vrijheid vrije handel, vrije verkoop en koop

But if selling and buying disappears, free selling and buying also disappears

Maar als verkopen en kopen verdwijnt, verdwijnt ook het vrije verkopen en kopen

"brave words" by the Bourgeoisie about free selling and buying only have meaning in a limited sense

"moedige woorden" van de bourgeoisie over vrij verkopen en kopen hebben slechts in beperkte zin betekenis

these words have meaning only in contrast with restricted selling and buying

Deze woorden hebben alleen betekenis in tegenstelling tot beperkt verkopen en kopen

and these words have meaning only when applied to the fettered traders of the Middle Ages

en deze woorden hebben alleen betekenis wanneer ze worden toegepast op de geketende handelaren van de Middeleeuwen

and that assumes these words even have meaning in a Bourgeoisie sense

en dat veronderstelt dat deze woorden zelfs betekenis hebben in de zin van de bourgeoisie

but these words have no meaning when they're being used to oppose the Communistic abolition of buying and selling

maar deze woorden hebben geen betekenis als ze worden gebruikt om zich te verzetten tegen de communistische afschaffing van kopen en verkopen

the words have no meaning when they're being used to oppose the Bourgeoisie conditions of production being abolished

de woorden hebben geen betekenis als ze worden gebruikt om zich te verzetten tegen de afschaffing van de productievoorwaarden van de bourgeoisie

and they have no meaning when they're being used to oppose the Bourgeoisie itself being abolished

en ze hebben geen betekenis als ze worden gebruikt om zich te verzetten tegen de afschaffing van de bourgeoisie zelf

You are horrified at our intending to do away with private property

U bent geschokt door ons voornemen om privé-eigendom af te schaffen

But in your existing society, private property is already done away with for nine-tenths of the population

Maar in uw huidige samenleving is privé-eigendom al afgeschaft voor negen tiende van de bevolking

the existence of private property for the few is solely due to its non-existence in the hands of nine-tenths of the population

Het bestaan van privé-eigendom voor enkelen is uitsluitend te wijten aan het feit dat het niet bestaat in de handen van negen tiende van de bevolking

You reproach us, therefore, with intending to do away with a form of property

U verwijt ons dus dat wij van plan zijn een vorm van eigendom af te schaffen

but private property necessitates the non-existence of any property for the immense majority of society

Maar privé-eigendom vereist het niet-bestaan van enig eigendom voor de overgrote meerderheid van de samenleving

In one word, you reproach us with intending to do away with your property

In één woord, u verwijt ons dat wij van plan zijn uw eigendom af te schaffen

And it is precisely so; doing away with your Property is just what we intend

En het is precies zo; het afschaffen van uw eigendom is precies wat we van plan zijn

From the moment when labour can no longer be converted into capital, money, or rent

Vanaf het moment dat arbeid niet meer kan worden omgezet in kapitaal, geld of rente

when labour can no longer be converted into a social power capable of being monopolised

wanneer arbeid niet langer kan worden omgezet in een sociale macht die kan worden gemonopoliseerd

from the moment when individual property can no longer be transformed into Bourgeoisie property

vanaf het moment dat individueel eigendom niet langer kan worden omgezet in burgerlijk eigendom

from the moment when individual property can no longer be transformed into capital

vanaf het moment dat individueel eigendom niet meer in kapitaal kan worden omgezet

from that moment, you say individuality vanishes

Vanaf dat moment zeg je dat individualiteit verdwijnt

You must, therefore, confess that by "individual" you mean no other person than the Bourgeoisie

U moet dus toegeven dat u met 'individu' niemand anders bedoelt dan de bourgeoisie

you must confess it specifically refers to the middle-class owner of property

Je moet toegeven dat het specifiek verwijst naar de eigenaar van onroerend goed uit de middenklasse

This person must, indeed, be swept out of the way, and made impossible

Deze persoon moet inderdaad uit de weg worden geruimd en onmogelijk worden gemaakt

Communism deprives no man of the power to appropriate the products of society

Het communisme berooft niemand van de macht om zich de producten van de maatschappij toe te eigenen

all that Communism does is to deprive him of the power to subjugate the labour of others by means of such appropriation

Het enige wat het communisme doet, is hem de macht ontnemen om door middel van een dergelijke toe-eigening de arbeid van anderen te onderwerpen

It has been objected that upon the abolition of private property all work will cease

Er is tegengeworpen dat bij de afschaffing van het privé-eigendom alle werk zal ophouden

and it is then suggested that universal laziness will overtake us

En dan wordt gesuggereerd dat universele luiheid ons zal overvallen

According to this, Bourgeoisie society ought long ago to have gone to the dogs through sheer idleness

Volgens deze theorie had de bourgeoisie al lang geleden uit pure ledigheid naar de kloten moeten gaan

because those of its members who work, acquire nothing

want degenen van haar leden die werken, verwerven niets

and those of its members who acquire anything, do not work

En degenen van haar leden die iets verwerven, werken niet

The whole of this objection is but another expression of the tautology

Het geheel van deze tegenwerping is slechts een andere uitdrukking van de tautologie

there can no longer be any wage-labour when there is no longer any capital

Er kan geen loonarbeid meer zijn als er geen kapitaal meer is

there is no difference between material products and mental products

Er is geen verschil tussen materiële producten en mentale producten

communism proposes both of these are produced in the same way

Het communisme stelt voor dat beide op dezelfde manier worden geproduceerd

but the objections against the Communistic modes of producing these are the same

maar de bezwaren tegen de communistische productiemethoden zijn dezelfde

to the Bourgeoisie the disappearance of class property is the disappearance of production itself

voor de bourgeoisie is het verdwijnen van het klasseneigendom het verdwijnen van de productie zelf

so the disappearance of class culture is to him identical with the disappearance of all culture

Het verdwijnen van de klassencultuur is voor hem dus identiek met het verdwijnen van alle cultuur

That culture, the loss of which he laments, is for the enormous majority a mere training to act as a machine

Die cultuur, waarvan hij het verlies betreurt, is voor de overgrote meerderheid niet meer dan een training om als machine te fungeren

Communists very much intend to abolish the culture of Bourgeoisie property

Communisten zijn heel erg van plan om de cultuur van het bourgeoisie-eigendom af te schaffen

But don't wrangle with us so long as you apply the standard of your Bourgeoisie notions of freedom, culture, law, etc

Maar maak geen ruzie met ons zolang je de standaard van je bourgeoisie noties van vrijheid, cultuur, recht, enz. toepast

Your very ideas are but the outgrowth of the conditions of your Bourgeoisie production and Bourgeoisie property

Uw ideeën zelf zijn slechts het uitvloeisel van de verhoudingen van uw bourgeoisieproductie en bourgeoisie-eigendom

just as your jurisprudence is but the will of your class made into a law for all

net zoals uw jurisprudentie slechts de wil van uw klasse is die tot een wet voor allen is gemaakt

the essential character and direction of this will are determined by the economical conditions your social class create

Het wezenlijke karakter en de richting van deze wil worden bepaald door de economische omstandigheden die uw sociale klasse schept

The selfish misconception that induces you to transform social forms into eternal laws of nature and of reason

De egoïstische misvatting die je ertoe aanzet om sociale vormen om te vormen tot eeuwige wetten van de natuur en van de rede

the social forms springing from your present mode of production and form of property

de maatschappelijke vormen die voortkomen uit uw huidige productiewijze en vorm van eigendom

historical relations that rise and disappear in the progress of production

Historische verhoudingen die stijgen en verdwijnen in de voortgang van de productie

this misconception you share with every ruling class that has preceded you

Deze misvatting deel je met elke heersende klasse die je is voorgegaan

What you see clearly in the case of ancient property, what you admit in the case of feudal property

Wat je duidelijk ziet in het geval van oud eigendom, wat je toegeeft in het geval van feodaal eigendom

these things you are of course forbidden to admit in the case of your own Bourgeoisie form of property

deze dingen is het u natuurlijk verboden toe te geven in het geval van uw eigen bourgeoisie vorm van eigendom

Abolition of the family! Even the most radical flare up at this infamous proposal of the Communists

Afschaffing van het gezin! Zelfs de meest radicale opflakkeringen bij dit schandelijke voorstel van de communisten

On what foundation is the present family, the Bourgeoisie family, based?

Op welk fundament is de huidige familie, de familie Bourgeoisie, gebaseerd?

the foundation of the present family is based on capital and private gain

De stichting van het huidige gezin is gebaseerd op kapitaal en eigen gewin

In its completely developed form this family exists only among the Bourgeoisie

In haar volledig ontwikkelde vorm bestaat deze familie alleen onder de bourgeoisie

this state of things finds its complement in the practical absence of the family among the proletarians

Deze stand van zaken vindt haar aanvulling in de praktische afwezigheid van het gezin bij de proletariërs

this state of things can be found in public prostitution

Deze stand van zaken is terug te vinden in de openbare prostitutie

The Bourgeoisie family will vanish as a matter of course when its complement vanishes

De bourgeoisiefamilie zal als vanzelfsprekend verdwijnen wanneer haar aanvulling verdwijnt

and both of these will will vanish with the vanishing of capital

En beide zullen verdwijnen met het verdwijnen van het kapitaal

Do you charge us with wanting to stop the exploitation of children by their parents?

Beschuldigt u ons ervan dat we een einde willen maken aan de uitbuiting van kinderen door hun ouders?

To this crime we plead guilty

Voor deze misdaad pleiten wij schuldig

But, you will say, we destroy the most hallowed of relations, when we replace home education by social education

Maar, zult u zeggen, wij vernietigen de meest geheiligde verhoudingen, wanneer wij het huiselijk onderwijs vervangen door sociale opvoeding

is your education not also social? And is it not determined by the social conditions under which you educate?

Is jouw opleiding niet ook sociaal? En wordt het niet bepaald door de sociale omstandigheden waaronder je opvoedt?

by the intervention, direct or indirect, of society, by means of schools, etc.

door de interventie, direct of indirect, van de samenleving, door middel van scholen, enz.

The Communists have not invented the intervention of society in education

De communisten hebben de interventie van de samenleving in het onderwijs niet uitgevonden

they do but seek to alter the character of that intervention

ze proberen alleen het karakter van die interventie te veranderen

and they seek to rescue education from the influence of the ruling class

En ze proberen het onderwijs te redden van de invloed van de heersende klasse

The Bourgeoisie talk of the hallowed co-relation of parent and child

De bourgeoisie spreekt over de geheiligde co-relatie van ouder en kind

but this clap-trap about the family and education becomes all the more disgusting when we look at Modern Industry

maar deze onzin over het gezin en de opvoeding wordt des te walgelijker als we naar de moderne industrie kijken

all family ties among the proletarians are torn asunder by modern industry

Alle familiebanden onder de proletariërs worden verscheurd door de moderne industrie

their children are transformed into simple articles of commerce and instruments of labour

Hun kinderen worden omgevormd tot eenvoudige handelsartikelen en arbeidsmiddelen

But you Communists would create a community of women, screams the whole Bourgeoisie in chorus

Maar jullie communisten zouden een gemeenschap van vrouwen willen creëren, schreeuwt de hele bourgeoisie in koor

The Bourgeoisie sees in his wife a mere instrument of production

De bourgeoisie ziet in zijn vrouw slechts een productiemiddel

He hears that the instruments of production are to be exploited by all

Hij hoort dat de productie-instrumenten door iedereen moeten worden geëxploiteerd

and, naturally, he can come to no other conclusion than that the lot of being common to all will likewise fall to women

En natuurlijk kan hij tot geen andere conclusie komen dan dat het lot van het gemeenschappelijk zijn voor allen ook aan vrouwen zal toevallen

He has not even a suspicion that the real point is to do away with the status of women as mere instruments of production

Hij heeft zelfs geen vermoeden dat het er werkelijk om gaat de status van vrouwen als louter productie-instrumenten af te schaffen

For the rest, nothing is more ridiculous than the virtuous indignation of our Bourgeoisie at the community of women

Voor het overige is niets belachelijker dan de deugdzame verontwaardiging van onze bourgeoisie over de gemeenschap van vrouwen

they pretend it is to be openly and officially established by the Communists

ze beweren dat het openlijk en officieel door de communisten moet worden ingesteld

The Communists have no need to introduce community of women, it has existed almost from time immemorial

De communisten hebben geen behoefte om een gemeenschap van vrouwen in te voeren, deze bestaat al bijna sinds onheuglijke tijden

Our Bourgeoisie are not content with having the wives and daughters of their proletarians at their disposal

Onze bourgeoisie is niet tevreden met het ter beschikking hebben van de vrouwen en dochters van haar proletariërs

they take the greatest pleasure in seducing each other's wives

Ze hebben er het grootste plezier in om elkaars vrouwen te verleiden

and that is not even to speak of common prostitutes

En dan hebben we het nog niet eens over gewone prostituees

Bourgeoisie marriage is in reality a system of wives in common

Het bourgeoisiehuwelijk is in werkelijkheid een systeem van gemeenschappelijke echtgenotes

then there is one thing that the Communists might possibly be reproached with

dan is er één ding dat de communisten mogelijk zou kunnen worden verweten

they desire to introduce an openly legalised community of women

Ze willen een openlijk gelegaliseerde gemeenschap van vrouwen introduceren

rather than a hypocritically concealed community of women

in plaats van een hypocriet verborgen gemeenschap van vrouwen

the community of women springing from the system of production

De gemeenschap van vrouwen die voortkomt uit het productiesysteem

abolish the system of production, and you abolish the community of women

Schaf het productiesysteem af, en je schaft de gemeenschap van vrouwen af

both public prostitution is abolished, and private prostitution

Zowel openbare prostitutie wordt afgeschaft, als particuliere prostitutie

The Communists are further more reproached with desiring to abolish countries and nationality

De communisten wordt nog meer verweten dat zij landen en nationaliteiten willen afschaffen

The working men have no country, so we cannot take from them what they have not got

De arbeiders hebben geen vaderland, dus kunnen wij hen niet afnemen wat zij niet hebben

the proletariat must first of all acquire political supremacy

Het proletariaat moet in de eerste plaats de politieke suprematie verwerven

the proletariat must rise to be the leading class of the nation

Het proletariaat moet zich verheffen tot de leidende klasse van de natie

the proletariat must constitute itself the nation

Het proletariaat moet zichzelf de natie vormen

it is, so far, itself national, though not in the Bourgeoisie sense of the word

het is tot nu toe zelf nationaal, hoewel niet in de burgerlijke zin van het woord

National differences and antagonisms between peoples are daily more and more vanishing

Nationale verschillen en tegenstellingen tussen volkeren verdwijnen met de dag meer en meer

owing to the development of the Bourgeoisie, to freedom of commerce, to the world-market

door de ontwikkeling van de bourgeoisie, de vrijheid van handel, de wereldmarkt

to uniformity in the mode of production and in the conditions of life corresponding thereto

tot uniformiteit in de productiewijze en in de daarmee overeenstemmende levensvoorwaarden

The supremacy of the proletariat will cause them to vanish still faster

De suprematie van het proletariaat zal hen nog sneller doen verdwijnen

United action, of the leading civilised countries at least, is one of the first conditions for the emancipation of the proletariat

Eensgezindheid, althans van de leidende beschaafde landen, is een van de eerste voorwaarden voor de emancipatie van het proletariaat

In proportion as the exploitation of one individual by another is put an end to, the exploitation of one nation by another will also be put an end to

Naarmate er een einde komt aan de uitbuiting van het ene individu door het andere, zal er ook een einde komen aan de uitbuiting van de ene natie door de andere

In proportion as the antagonism between classes within the nation vanishes, the hostility of one nation to another will come to an end

Naarmate de tegenstelling tussen de klassen binnen de natie verdwijnt, zal er een einde komen aan de vijandigheid van de ene natie tegenover de andere

The charges against Communism made from a religious, a philosophical, and, generally, from an ideological standpoint, are not deserving of serious examination

De beschuldigingen tegen het communisme, die vanuit een religieus, een filosofisch en, in het algemeen, vanuit een ideologisch standpunt worden geuit, verdienen geen serieus onderzoek

Does it require deep intuition to comprehend that man's ideas, views and conceptions changes with every change in the conditions of his material existence?

Is er een diepe intuïtie voor nodig om te begrijpen dat de ideeën, opvattingen en opvattingen van de mens veranderen bij elke verandering in de omstandigheden van zijn materiële bestaan?

is it not obvious that man's consciousness changes when his social relations and his social life changes?

Is het niet duidelijk dat het bewustzijn van de mens verandert wanneer zijn sociale relaties en zijn sociale leven veranderen?

What else does the history of ideas prove, than that intellectual production changes its character in proportion as material production is changed?

Wat bewijst de geschiedenis van de ideeën anders dan dat de intellectuele productie van karakter verandert naarmate de materiële productie verandert?

The ruling ideas of each age have ever been the ideas of its ruling class

De heersende ideeën van elk tijdperk zijn altijd de ideeën van de heersende klasse geweest

When people speak of ideas that revolutionise society, they do but express one fact

Wanneer mensen spreken over ideeën die een revolutie teweegbrengen in de samenleving, drukken ze slechts één feit uit

within the old society, the elements of a new one have been created

Binnen de oude samenleving zijn de elementen van een nieuwe gecreëerd

and that the dissolution of the old ideas keeps even pace with the dissolution of the old conditions of existence

en dat de ontbinding van de oude ideeën gelijke tred houdt met de ontbinding van de oude bestaansvoorwaarden

When the ancient world was in its last throes, the ancient religions were overcome by Christianity

Toen de oude wereld in haar laatste stuiptrekkingen was, werden de oude religies overwonnen door het christendom

When Christian ideas succumbed in the 18th century to rationalist ideas, feudal society fought its death battle with the then revolutionary Bourgeoisie

Toen het christelijke gedachtegoed in de 18e eeuw ten prooi viel aan rationalistische ideeën, voerde de feodale maatschappij haar doodsstrijd met de toen revolutionaire bourgeoisie

The ideas of religious liberty and freedom of conscience merely gave expression to the sway of free competition within the domain of knowledge

De ideeën van godsdienstvrijheid en gewetensvrijheid gaven slechts uitdrukking aan de heerschappij van de vrije concurrentie op het gebied van de kennis

"Undoubtedly," it will be said, "religious, moral, philosophical and juridical ideas have been modified in the course of historical development"

'Ongetwijfeld', zal men zeggen, 'zijn de religieuze, morele, filosofische en juridische ideeën in de loop van de historische ontwikkeling gewijzigd'

"But religion, morality philosophy, political science, and law, constantly survived this change"

"Maar religie, moraliteit, filosofie, politieke wetenschappen en rechten overleefden deze verandering voortdurend"

"There are also eternal truths, such as Freedom, Justice, etc"

"Er zijn ook eeuwige waarheden, zoals Vrijheid, Rechtvaardigheid, enz."

"these eternal truths are common to all states of society"

'Deze eeuwige waarheden zijn gemeenschappelijk voor alle staten van de samenleving'

"But Communism abolishes eternal truths, it abolishes all religion, and all morality"

"Maar het communisme schaft eeuwige waarheden af, het schaft alle religie en alle moraliteit af"

"it does this instead of constituting them on a new basis"

"Het doet dit in plaats van ze op een nieuwe basis samen te stellen"

"it therefore acts in contradiction to all past historical experience"

"Het handelt daarom in tegenspraak met alle historische ervaringen uit het verleden"

What does this accusation reduce itself to?

Waar herleidt deze beschuldiging zich tot?

The history of all past society has consisted in the development of class antagonisms

De geschiedenis van alle vroegere samenlevingen heeft bestaan uit de ontwikkeling van klassentegenstellingen

antagonisms that assumed different forms at different epochs

Tegenstellingen die in verschillende tijdperken verschillende vormen aannamen

But whatever form they may have taken, one fact is common to all past ages

Maar welke vorm ze ook hebben aangenomen, één feit hebben alle voorbije eeuwen gemeen

the exploitation of one part of society by the other

de uitbuiting van het ene deel van de samenleving door het andere

No wonder, then, that the social consciousness of past ages moves within certain common forms, or general ideas

Het is dan ook niet verwonderlijk dat het sociale bewustzijn van voorbije eeuwen zich beweegt binnen bepaalde gemeenschappelijke vormen of algemene ideeën

(and that is despite all the multiplicity and variety it displays)

(en dat ondanks alle veelheid en variëteit die het vertoont)

and these cannot completely vanish except with the total disappearance of class antagonisms

En deze kunnen niet volledig verdwijnen, behalve met het volledig verdwijnen van klassentegenstellingen

The Communist revolution is the most radical rupture with traditional property relations

De communistische revolutie is de meest radicale breuk met de traditionele eigendomsverhoudingen

no wonder that its development involves the most radical rupture with traditional ideas

Geen wonder dat de ontwikkeling ervan gepaard gaat met de meest radicale breuk met traditionele ideeën

But let us have done with the Bourgeoisie objections to Communism

Maar laten we ophouden met de bezwaren van de bourgeoisie tegen het communisme

We have seen above the first step in the revolution by the working class

We hebben hierboven de eerste stap in de revolutie van de arbeidersklasse gezien

proletariat has to be raised to the position of ruling, to win the battle of democracy

Het proletariaat moet worden verheven tot de positie van heerser, om de strijd van de democratie te winnen

The proletariat will use its political supremacy to wrest, by degrees, all capital from the Bourgeoisie

Het proletariaat zal zijn politieke suprematie gebruiken om geleidelijk al het kapitaal aan de bourgeoisie te ontrukken

it will centralise all instruments of production in the hands of the State

het zal alle productiemiddelen centraliseren in de handen van
de staat

in other words, the proletariat organised as the ruling class

Met andere woorden, het proletariaat georganiseerd als de
heersende klasse

**and it will increase the total of productive forces as rapidly
as possible**

en het zal het totaal van de productiekrachten zo snel mogelijk
doen toenemen

**Of course, in the beginning, this cannot be effected except
by means of despotic inroads on the rights of property**

In het begin kan dit natuurlijk alleen worden bewerkstelligd
door middel van despotische inbreuken op de
eigendomsrechten

**and it has to be achieved on the conditions of Bourgeoisie
production**

en het moet worden bereikt onder de voorwaarden van de
bourgeoisie productie

**it is achieved by means of measures, therefore, which appear
economically insufficient and untenable**

Dit wordt dus bereikt door middel van maatregelen die
economisch ontoereikend en onhoudbaar lijken

**but these means, in the course of the movement, outstrip
themselves**

Maar deze middelen overtreffen zichzelf in de loop van de
beweging

they necessitate further inroads upon the old social order

ze vereisen een verdere inbreuk op de oude sociale orde

**and they are unavoidable as a means of entirely
revolutionising the mode of production**

En ze zijn onvermijdelijk als middel om de productiewijze
volledig te revolutioneren

**These measures will of course be different in different
countries**

Deze maatregelen zullen uiteraard in verschillende landen
anders zijn

Nevertheless in the most advanced countries, the following will be pretty generally applicable

Niettemin zal in de meest geavanceerde landen het volgende vrij algemeen van toepassing zijn

1. Abolition of property in land and application of all rents of land to public purposes.

1. Afschaffing van eigendom van grond en aanwending van alle pachtprijzen van grond voor openbare doeleinden.

2. A heavy progressive or graduated income tax.

2. Een zware progressieve of gestaffelde inkomstenbelasting.

3. Abolition of all right of inheritance.

3. Afschaffing van elk erfrecht.

4. Confiscation of the property of all emigrants and rebels.

4. Confiscatie van de bezittingen van alle emigranten en rebellen.

5. Centralisation of credit in the hands of the State, by means of a national bank with State capital and an exclusive monopoly.

5. Centralisatie van het krediet in handen van de staat, door middel van een nationale bank met staatskapitaal en een exclusief monopolie.

6. Centralisation of the means of communication and transport in the hands of the State.

6. Centralisatie van de communicatie- en transportmiddelen in handen van de staat.

7. Extension of factories and instruments of production owned by the State

7. Uitbreiding van fabrieken en productiemiddelen die eigendom zijn van de staat

the bringing into cultivation of waste-lands, and the improvement of the soil generally in accordance with a common plan.

het in cultuur brengen van woeste gronden, en de verbetering van de bodem in het algemeen volgens een gemeenschappelijk plan.

8. Equal liability of all to labour

8. Gelijke aansprakelijkheid van allen voor arbeid
Establishment of industrial armies, especially for agriculture.
Oprichting van industriële legers, vooral voor de landbouw.
9. Combination of agriculture with manufacturing industries
9. Combinatie van landbouw met verwerkende industrie
gradual abolition of the distinction between town and country, by a more equable distribution of the population over the country.
geleidelijke opheffing van het onderscheid tussen stad en platteland, door een gelijkmatiger verdeling van de bevolking over het land.
10. Free education for all children in public schools.
10. Gratis onderwijs voor alle kinderen op openbare scholen.
Abolition of children's factory labour in its present form
Afschaffing van kinderarbeid in de fabriek in zijn huidige vorm
Combination of education with industrial production
Combinatie van onderwijs met industriële productie
When, in the course of development, class distinctions have disappeared
Wanneer in de loop van de ontwikkeling de klassenverschillen zijn verdwenen
and when all production has been concentrated in the hands of a vast association of the whole nation
en wanneer alle productie is geconcentreerd in de handen van een grote vereniging van de hele natie
then the public power will lose its political character
Dan zal de publieke macht haar politieke karakter verliezen
Political power, properly so called, is merely the organised power of one class for oppressing another
Politieke macht, zoals dat eigenlijk wordt genoemd, is niets anders dan de georganiseerde macht van de ene klasse om de andere te onderdrukken

If the proletariat during its contest with the Bourgeoisie is compelled, by the force of circumstances, to organise itself as a class

Als het proletariaat in zijn strijd met de bourgeoisie door de kracht van de omstandigheden gedwongen is zich als een klasse te organiseren

if, by means of a revolution, it makes itself the ruling class

als zij zich door middel van een revolutie tot heersende klasse maakt

and, as such, it sweeps away by force the old conditions of production

En als zodanig veegt het met geweld de oude productieverhoudingen weg

then it will, along with these conditions, have swept away the conditions for the existence of class antagonisms and of classes generally

Dan zal het, samen met deze voorwaarden, de voorwaarden voor het bestaan van klassentegenstellingen en van klassen in het algemeen hebben weggevaagd

and will thereby have abolished its own supremacy as a class.

en zal daarmee haar eigen suprematie als klasse hebben afgeschaft.

In place of the old Bourgeoisie society, with its classes and class antagonisms, we shall have an association

In de plaats van de oude bourgeoisiemaatschappij, met haar klassen en klassentegenstellingen, zullen we een vereniging hebben

an association in which the free development of each is the condition for the free development of all

een vereniging waarin de vrije ontwikkeling van elk de voorwaarde is voor de vrije ontwikkeling van allen

1) Reactionary Socialism
1) Reactionair socialisme

a) Feudal Socialism
a) Feodaal socialisme

the aristocracies of France and England had a unique historical position

de aristocratieën van Frankrijk en Engeland hadden een unieke historische positie

it became their vocation to write pamphlets against modern Bourgeoisie society

het werd hun roeping om pamfletten te schrijven tegen de moderne bourgeoisiemaatschappij

In the French revolution of July 1830, and in the English reform agitation

In de Franse revolutie van juli 1830 en in de Engelse hervormingsagitatie

these aristocracies again succumbed to the hateful upstart

Deze aristocratieën bezweken opnieuw voor de haatdragende parvenu

Thenceforth, a serious political contest was altogether out of the question

Van een serieuze politieke strijd was dus geen sprake.

All that remained possible was literary battle, not an actual battle

Het enige wat nog mogelijk was, was een literaire strijd, geen echte strijd

But even in the domain of literature the old cries of the restoration period had become impossible

Maar zelfs op het gebied van de literatuur waren de oude kreten van de restauratieperiode onmogelijk geworden

In order to arouse sympathy, the aristocracy were obliged to lose sight, apparently, of their own interests

Om sympathie op te wekken moest de aristocratie blijkbaar haar eigen belangen uit het oog verliezen

and they were obliged to formulate their indictment against the Bourgeoisie in the interest of the exploited working class

en zij waren verplicht hun aanklacht tegen de bourgeoisie te formuleren in het belang van de uitgebuite arbeidersklasse

Thus the aristocracy took their revenge by singing lampoons on their new master

Zo nam de aristocratie wraak door schimpscheuten te zingen over hun nieuwe meester

and they took their revenge by whispering in his ears sinister prophecies of coming catastrophe

En zij namen wraak door hem sinistere profetieën over een komende catastrofe in het oor te fluisteren

In this way arose Feudal Socialism: half lamentation, half lampoon

Zo ontstond het feodale socialisme: half weeklagen, half schijn

it rung as half echo of the past, and projected half menace of the future

Het klonk als een halve echo van het verleden en een halve dreiging van de toekomst

at times, by its bitter, witty and incisive criticism, it struck the Bourgeoisie to the very heart's core

soms trof het de bourgeoisie door zijn bittere, geestige en scherpe kritiek tot in het diepst van de kern

but it was always ludicrous in its effect, through total incapacity to comprehend the march of modern history

Maar het was altijd belachelijk in zijn effect, door het totale onvermogen om de opmars van de moderne geschiedenis te begrijpen

The aristocracy, in order to rally the people to them, waved the proletarian alms-bag in front for a banner

Om het volk voor zich te winnen, zwaaide de aristocratie met de proletarische aalmoezenzak voor zich uit als een spandoek

But the people, so often as it joined them, saw on their hindquarters the old feudal coats of arms

Maar het volk, zo dikwijls als het zich bij hen voegde, zag op zijn achterhand de oude feodale wapenschilden

and they deserted with loud and irreverent laughter

en zij verlieten met luid en oneerbiedig gelach

**One section of the French Legitimists and "Young England"
exhibited this spectacle**

Een deel van de Franse legitimisten en "Jong Engeland"
exposeerde dit schouwspel

**the feudalists pointed out that their mode of exploitation
was different to that of the Bourgeoisie**

de feodalisten wezen erop dat hun manier van uitbuiting
anders was dan die van de bourgeoisie

**the feudalists forget that they exploited under circumstances
and conditions that were quite different**

De feodalisten vergeten dat ze onder heel andere
omstandigheden en voorwaarden uitbuitten

**and they didn't notice such methods of exploitation are now
antiquated**

En ze merkten niet dat dergelijke exploitatiemethoden nu
verouderd zijn

**they showed that, under their rule, the modern proletariat
never existed**

Zij toonden aan dat het moderne proletariaat onder hun
bewind nooit heeft bestaan

**but they forget that the modern Bourgeoisie is the necessary
offspring of their own form of society**

maar ze vergeten dat de moderne bourgeoisie de
noodzakelijke nakomeling is van hun eigen maatschappijvorm

**For the rest, they hardly conceal the reactionary character of
their criticism**

Voor het overige verhullen ze het reactionaire karakter van
hun kritiek nauwelijks

**their chief accusation against the Bourgeoisie amounts to the
following**

hun voornaamste beschuldiging tegen de bourgeoisie komt op
het volgende neer

**under the Bourgeoisie regime a social class is being
developed**

onder het regime van de bourgeoisie wordt een sociale klasse ontwikkeld

this social class is destined to cut up root and branch the old order of society

Deze sociale klasse is voorbestemd om de oude orde van de samenleving met wortel en tak af te snijden

What they upbraid the Bourgeoisie with is not so much that it creates a proletariat

Wat ze de bourgeoisie verwijten is niet zozeer dat ze een proletariaat creëert

what they upbraid the Bourgeoisie with is moreso that it creates a revolutionary proletariat

wat ze de bourgeoisie verwijten is meer, dat ze een revolutionair proletariaat schept

In political practice, therefore, they join in all coercive measures against the working class

In de politieke praktijk nemen zij dus deel aan alle dwangmaatregelen tegen de arbeidersklasse

and in ordinary life, despite their highfalutin phrases, they stoop to pick up the golden apples dropped from the tree of industry

En in het gewone leven bukken ze, ondanks hun hoogdravende zinnen, zich om de gouden appels op te rapen die van de boom van de industrie zijn gevallen

and they barter truth, love, and honour for commerce in wool, beetroot-sugar, and potato spirits

En zij ruilen waarheid, liefde en eer voor handel in wol, bietensuiker en aardappel-eau-de-vie

As the parson has ever gone hand in hand with the landlord, so has Clerical Socialism with Feudal Socialism

Zoals de dominee altijd hand in hand is gegaan met de grootgrondbezitter, zo is ook het klerikale socialisme gegaan met het feodale socialisme

Nothing is easier than to give Christian asceticism a Socialist tinge

Niets is gemakkelijker dan de christelijke ascese een
socialistisch tintje te geven

**Has not Christianity declaimed against private property,
against marriage, against the State?**

Heeft het christendom zich niet uitgesproken tegen het privé-
eigendom, tegen het huwelijk, tegen de staat?

**Has Christianity not preached in the place of these, charity
and poverty?**

Heeft het Christendom niet gepredikt in de plaats van deze,
naastenliefde en armoede?

**Does Christianity not preach celibacy and mortification of
the flesh, monastic life and Mother Church?**

Predikt het christendom niet het celibaat en de versterving van
het vlees, het kloosterleven en de Moederkerk?

**Christian Socialism is but the holy water with which the
priest consecrates the heart-burnings of the aristocrat**

Het christelijk socialisme is niets anders dan het heilige water
waarmee de priester de hartverbrandingen van de aristocraat
inwijdt

b) Petty-Bourgeois Socialism
b) Kleinburgerlijk socialisme

The feudal aristocracy was not the only class that was ruined by the Bourgeoisie
De feodale aristocratie was niet de enige klasse die door de bourgeoisie werd geruïneerd

it was not the only class whose conditions of existence pined and perished in the atmosphere of modern Bourgeoisie society
het was niet de enige klasse wier bestaansvoorwaarden kwijnden en ten onder gingen in de atmosfeer van de moderne bourgeoisiemaatschappij

The medieval burgesses and the small peasant proprietors were the precursors of the modern Bourgeoisie
De middeleeuwse burgers en de kleine boeren waren de voorlopers van de moderne bourgeoisie

In those countries which are but little developed, industrially and commercially, these two classes still vegetate side by side
In de landen die op industrieel en commercieel gebied nog maar weinig ontwikkeld zijn, vegeteren deze twee klassen nog steeds naast elkaar

and in the meantime the Bourgeoisie rise up next to them: industrially, commercially, and politically
en intussen staat de bourgeoisie naast hen op: industrieel, commercieel en politiek

In countries where modern civilisation has become fully developed, a new class of petty Bourgeoisie has been formed
In landen waar de moderne beschaving volledig ontwikkeld is, heeft zich een nieuwe klasse van kleinburgerij gevormd

this new social class fluctuates between proletariat and Bourgeoisie
deze nieuwe sociale klasse schommelt tussen proletariaat en bourgeoisie

and it is ever renewing itself as a supplementary part of Bourgeoisie society

en het vernieuwt zich steeds als een aanvullend deel van de burgerlijke samenleving

The individual members of this class, however, are being constantly hurled down into the proletariat

De individuele leden van deze klasse worden echter voortdurend in het proletariaat geslingerd

they are sucked up by the proletariat through the action of competition

Ze worden door het proletariaat opgezogen door de werking van de concurrentie

as modern industry develops they even see the moment approaching when they will completely disappear as an independent section of modern society

Naarmate de moderne industrie zich ontwikkelt, zien ze zelfs het moment naderen waarop ze volledig zullen verdwijnen als een zelfstandig deel van de moderne samenleving

they will be replaced, in manufactures, agriculture and commerce, by overlookers, bailiffs and shopmen

Zij zullen in de industrie, de landbouw en de handel worden vervangen door opzichters, deurwaarders en winkeliers

In countries like France, where the peasants constitute far more than half of the population

In landen als Frankrijk, waar de boeren veel meer dan de helft van de bevolking uitmaken

it was natural that there there are writers who sided with the proletariat against the Bourgeoisie

het was natuurlijk dat er schrijvers waren die de kant van het proletariaat kozen tegen de bourgeoisie

in their criticism of the Bourgeoisie regime they used the standard of the peasant and petty Bourgeoisie

in hun kritiek op het regime van de bourgeoisie gebruikten ze de standaard van de boeren- en kleinburgerij

and from the standpoint of these intermediate classes they take up the cudgels for the working class

En vanuit het standpunt van deze tussenklassen nemen zij de knuppel in het hoenderhok van de arbeidersklasse

Thus arose petty-Bourgeoisie Socialism, of which Sismondi was the head of this school, not only in France but also in England

Zo ontstond het kleinburgerlijke socialisme, waarvan Sismondi het hoofd van deze school was, niet alleen in Frankrijk, maar ook in Engeland

This school of Socialism dissected with great acuteness the contradictions in the conditions of modern production

Deze school van het socialisme ontleedde met grote scherpzinnigheid de tegenstrijdigheden in de voorwaarden van de moderne productie

This school laid bare the hypocritical apologies of economists

Deze school legde de hypocriete verontschuldigingen van economen bloot

This school proved, incontrovertibly, the disastrous effects of machinery and division of labour

Deze school bewees onomstotelijk de desastreuze gevolgen van machinerie en arbeidsdeling

it proved the concentration of capital and land in a few hands

Het bewees de concentratie van kapitaal en land in enkele handen

it proved how overproduction leads to Bourgeoisie crises

het bewees hoe overproductie leidt tot crises in de bourgeoisie

it pointed out the inevitable ruin of the petty Bourgeoisie and peasant

het wees op de onvermijdelijke ondergang van de kleinburgerij en de boeren

the misery of the proletariat, the anarchy in production, the crying inequalities in the distribution of wealth

de ellende van het proletariaat, de anarchie in de productie, de schreeuwende ongelijkheden in de verdeling van de rijkdom

it showed how the system of production leads the industrial war of extermination between nations

Het liet zien hoe het productiesysteem de industriële uitroeiingsoorlog tussen naties leidt

the dissolution of old moral bonds, of the old family relations, of the old nationalities

de ontbinding van oude morele banden, van de oude familiebanden, van de oude nationaliteiten

In its positive aims, however, this form of Socialism aspires to achieve one of two things

In haar positieve doelstellingen streeft deze vorm van socialisme echter naar een van de volgende twee dingen

either it aims to restore the old means of production and of exchange

Ofwel beoogt het het herstel van de oude productie- en ruilmiddelen

and with the old means of production it would restore the old property relations, and the old society

En met de oude productiemiddelen zou het de oude eigendomsverhoudingen en de oude maatschappij herstellen

or it aims to cramp the modern means of production and exchange into the old framework of the property relations

Of het is de bedoeling om de moderne productie- en ruilmiddelen in het oude kader van de eigendomsverhoudingen te plaatsen

In either case, it is both reactionary and Utopian

In beide gevallen is het zowel reactionair als utopisch

Its last words are: corporate guilds for manufacture, patriarchal relations in agriculture

De laatste woorden zijn: corporatieve gilden voor de industrie, patriarchale verhoudingen in de landbouw

Ultimately, when stubborn historical facts had dispersed all intoxicating effects of self-deception

Uiteindelijk, toen hardnekkige historische feiten alle bedwelmende effecten van zelfbedrog hadden verdreven

this form of Socialism ended in a miserable fit of pity

deze vorm van socialisme eindigde in een ellendige vlaag van medelijden

c) German, or "True," Socialism
c) Duits, of 'echt', socialisme

The Socialist and Communist literature of France originated under the pressure of a Bourgeoisie in power
De socialistische en communistische literatuur van Frankrijk is ontstaan onder druk van een bourgeoisie aan de macht
and this literature was the expression of the struggle against this power
En deze literatuur was de uitdrukking van de strijd tegen deze macht
it was introduced into Germany at a time when the Bourgeoisie had just begun its contest with feudal absolutism
het werd in Duitsland ingevoerd in een tijd dat de bourgeoisie net haar strijd met het feodale absolutisme was begonnen
German philosophers, would-be philosophers, and beaux esprits, eagerly seized on this literature
Duitse filosofen, would-be filosofen en beaux esprits, grepen deze literatuur gretig aan
but they forgot that the writings immigrated from France into Germany without bringing the French social conditions along
maar ze vergaten dat de geschriften vanuit Frankrijk naar Duitsland emigreerden zonder de Franse sociale omstandigheden mee te brengen
In contact with German social conditions, this French literature lost all its immediate practical significance
In contact met de Duitse sociale verhoudingen verloor deze Franse literatuur al haar onmiddellijke praktische betekenis
and the Communist literature of France assumed a purely literary aspect in German academic circles

en de communistische literatuur van Frankrijk nam in Duitse
academische kringen een zuiver literair aspect aan

**Thus, the demands of the first French Revolution were
nothing more than the demands of "Practical Reason"**

De eisen van de eerste Franse Revolutie waren dus niets
anders dan de eisen van de 'praktische rede'

**and the utterance of the will of the revolutionary French
Bourgeoisie signified in their eyes the law of pure Will**

en het uitspreken van de wil van de revolutionaire Franse
bourgeoisie betekende in hun ogen de wet van de zuivere wil

**it signified Will as it was bound to be; of true human Will
generally**

het betekende de Wil zoals die moest zijn; van de ware
menselijke Wil in het algemeen

**The world of the German literati consisted solely in
bringing the new French ideas into harmony with their
ancient philosophical conscience**

De wereld van de Duitse literatoren bestond er uitsluitend in
de nieuwe Franse ideeën in overeenstemming te brengen met
hun oude filosofische geweten

**or rather, they annexed the French ideas without deserting
their own philosophic point of view**

of beter gezegd, ze annexeerden de Franse ideeën zonder hun
eigen filosofische standpunt op te geven

**This annexation took place in the same way in which a
foreign language is appropriated, namely, by translation**

Deze annexatie vond plaats op dezelfde manier als waarop
een vreemde taal wordt toegeëigend, namelijk door vertaling

**It is well known how the monks wrote silly lives of Catholic
Saints over manuscripts**

Het is bekend hoe de monniken dwaze levens van katholieke
heiligen schreven over manuscripten

**the manuscripts on which the classical works of ancient
heathendom had been written**

de manuscripten waarop de klassieke werken van het oude
heidendom waren geschreven

The German literati reversed this process with the profane French literature

De Duitse literatoren keerden dit proces om met de profane Franse literatuur

They wrote their philosophical nonsense beneath the French original

Ze schreven hun filosofische onzin onder het Franse origineel

For instance, beneath the French criticism of the economic functions of money, they wrote "Alienation of Humanity"

Onder de Franse kritiek op de economische functies van geld schreven ze bijvoorbeeld "Vervreemding van de mensheid"

beneath the French criticism of the Bourgeoisie State they wrote "dethronement of the Category of the General"

onder de Franse kritiek op de bourgeoisie van de staat schreven ze "onttroning van de categorie van de generaal"

The introduction of these philosophical phrases at the back of the French historical criticisms they dubbed:

De introductie van deze filosofische zinnen aan de achterkant van de Franse historische kritieken noemden ze:

"Philosophy of Action," "True Socialism," "German Science of Socialism," "Philosophical Foundation of Socialism," and so on

'Filosofie van het handelen', 'Het ware socialisme', 'Duitse wetenschap van het socialisme', 'Filosofische grondslag van het socialisme', enzovoort

The French Socialist and Communist literature was thus completely emasculated

De Franse socialistische en communistische literatuur werd dus volledig ontmand

in the hands of the German philosophers it ceased to express the struggle of one class with the other

in de handen van de Duitse filosofen hield het op de strijd van de ene klasse met de andere uit te drukken

and so the German philosophers felt conscious of having overcome "French one-sidedness"

en dus voelden de Duitse filosofen zich ervan bewust dat ze de 'Franse eenzijdigheid' hadden overwonnen

it did not have to represent true requirements, rather, it represented requirements of truth

Het hoefde geen ware vereisten te vertegenwoordigen, integendeel, het vertegenwoordigde vereisten van waarheid

there was no interest in the proletariat, rather, there was interest in Human Nature

er was geen belangstelling voor het proletariaat, integendeel, er was belangstelling voor de menselijke natuur

the interest was in Man in general, who belongs to no class, and has no reality

de belangstelling ging uit naar de mens in het algemeen, die tot geen enkele klasse behoort en geen werkelijkheid heeft

a man who exists only in the misty realm of philosophical fantasy

Een man die alleen bestaat in het mistige rijk van de filosofische fantasie

but eventually this schoolboy German Socialism also lost its pedantic innocence

maar uiteindelijk verloor ook dit Duitse schooljongenssocialisme zijn pedante onschuld

the German Bourgeoisie, and especially the Prussian Bourgeoisie fought against feudal aristocracy

de Duitse bourgeoisie, en vooral de Pruisische bourgeoisie vochten tegen de feodale aristocratie

the absolute monarchy of Germany and Prussia was also being faught against

ook de absolute monarchie van Duitsland en Pruisen werd bestreden

and in turn, the literature of the liberal movement also became more earnest

En op haar beurt werd de literatuur van de liberale beweging ook serieuzer

Germany's long wished-for opportunity for "true" Socialism was offered

Duitslands lang verlangde kans op het 'ware' socialisme werd geboden

the opportunity of confronting the political movement with the Socialist demands

de mogelijkheid om de politieke beweging te confronteren met de socialistische eisen

the opportunity of hurling the traditional anathemas against liberalism

de gelegenheid om de traditionele banvloeken tegen het liberalisme te slingeren

the opportunity to attack representative government and Bourgeoisie competition

de mogelijkheid om de representatieve regering en de concurrentie van de bourgeoisie aan te vallen

Bourgeoisie freedom of the press, Bourgeoisie legislation, Bourgeoisie liberty and equality

Burgerlijke persvrijheid, Burgerlijke wetgeving, Burgerlijke vrijheid en gelijkheid

all of these could now be critiqued in the real world, rather than in fantasy

Al deze kunnen nu in de echte wereld worden bekritiseerd, in plaats van in fantasie

feudal aristocracy and absolute monarchy had long preached to the masses

De feodale aristocratie en de absolute monarchie hadden lang aan de massa's gepredikt

"the working man has nothing to lose, and he has everything to gain"

"De werkende mens heeft niets te verliezen, en hij heeft alles te winnen"

the Bourgeoisie movement also offered a chance to confront these platitudes

de bourgeoisiebeweging bood ook een kans om deze gemeenplaatsen aan te pakken

the French criticism presupposed the existence of modern Bourgeoisie society

de Franse kritiek veronderstelde het bestaan van de moderne
bourgeoisiemaatschappij

**Bourgeoisie economic conditions of existence and
Bourgeoisie political constitution**

De economische bestaansvoorwaarden van de bourgeoisie en
de politieke constitutie van de bourgeoisie

**the very things whose attainment was the object of the
pending struggle in Germany**

precies die dingen waarvan de verwezenlijking het doel was
van de op handen zijnde strijd in Duitsland

**Germany's silly echo of socialism abandoned these goals
just in the nick of time**

De dwaze echo van het socialisme in Duitsland liet deze
doelen op het nippertje varen

**the absolute governments had their following of parsons,
professors, country squires and officials**

De absolute regeringen hadden hun aanhang van dominees,
professoren, landjonkers en ambtenaren

**the government of the time met the German working-class
risings with floggings and bullets**

de toenmalige regering beantwoordde de Duitse
arbeidersopstanden met zweepslagen en kogels

**for them this socialism served as a welcome scarecrow
against the threatening Bourgeoisie**

voor hen diende dit socialisme als een welkome
vogelverschrikker tegen de dreigende bourgeoisie

**and the German government was able to offer a sweet
dessert after the bitter pills it handed out**

en de Duitse regering kon een zoet dessert aanbieden na de
bittere pillen die ze uitdeelde

**this "True" Socialism thus served the governments as a
weapon for fighting the German Bourgeoisie**

dit 'ware' socialisme diende de regeringen dus als wapen in de
strijd tegen de Duitse bourgeoisie

**and, at the same time, it directly represented a reactionary
interest; that of the German Philistines**

en tegelijkertijd vertegenwoordigde het direct een reactionair belang; die van de Duitse Filistijnen

In Germany the petty Bourgeoisie class is the real social basis of the existing state of things

In Duitsland is de klasse van de kleinburgerij de werkelijke maatschappelijke basis van de bestaande stand van zaken

a relique of the sixteenth century that has constantly been cropping up under various forms

een overblijfsel uit de zestiende eeuw dat voortdurend onder verschillende vormen opduikt

To preserve this class is to preserve the existing state of things in Germany

Het behoud van deze klasse is het behoud van de bestaande stand van zaken in Duitsland

The industrial and political supremacy of the Bourgeoisie threatens the petty Bourgeoisie with certain destruction

De industriële en politieke suprematie van de bourgeoisie bedreigt de kleinburgerij met een zekere ondergang

on the one hand, it threatens to destroy the petty Bourgeoisie through the concentration of capital

aan de ene kant dreigt het de kleinburgerij te vernietigen door de concentratie van kapitaal

on the other hand, the Bourgeoisie threatens to destroy it through the rise of a revolutionary proletariat

aan de andere kant dreigt de bourgeoisie haar te vernietigen door de opkomst van een revolutionair proletariaat

"True" Socialism appeared to kill these two birds with one stone. It spread like an epidemic

Het 'echte' socialisme leek deze twee vliegen in één klap te slaan. Het verspreidde zich als een epidemie

The robe of speculative cobwebs, embroidered with flowers of rhetoric, steeped in the dew of sickly sentiment

Het gewaad van speculatieve spinnenwebben, geborduurd met bloemen van retoriek, gedrenkt in de dauw van ziekelijk sentiment

this transcendental robe in which the German Socialists wrapped their sorry "eternal truths"

dit transcendentale gewaad waarin de Duitse socialisten hun droevige 'eeuwige waarheden' wikkelden

all skin and bone, served to wonderfully increase the sale of their goods amongst such a public

allemaal vel over been, dienden om de verkoop van hun goederen onder zo'n publiek wonderbaarlijk te vergroten

And on its part, German Socialism recognised, more and more, its own calling

En van zijn kant erkende het Duitse socialisme meer en meer zijn eigen roeping

it was called to be the bombastic representative of the petty-Bourgeoisie Philistine

het werd geroepen om de bombastische vertegenwoordiger van de kleinburgerlijke filisterijn te zijn

It proclaimed the German nation to be the model nation, and German petty Philistine the model man

Het riep de Duitse natie uit tot de modelnatie en de Duitse kleine filistijn tot de modelmens

To every villainous meanness of this model man it gave a hidden, higher, Socialistic interpretation

Aan elke boosaardige gemeenheid van deze modelmens gaf het een verborgen, hogere, socialistische interpretatie

this higher, Socialistic interpretation was the exact contrary of its real character

deze hogere, socialistische interpretatie was precies het tegenovergestelde van haar werkelijke aard

It went to the extreme length of directly opposing the "brutally destructive" tendency of Communism

Het ging zo ver dat het zich rechtstreeks verzette tegen de "brutaal destructieve" neiging van het communisme

and it proclaimed its supreme and impartial contempt of all class struggles

en het verkondigde zijn opperste en onpartijdige minachting voor alle klassenstrijd

With very few exceptions, all the so-called Socialist and Communist publications that now (1847) circulate in Germany belong to the domain of this foul and enervating literature

Op enkele uitzonderingen na behoren alle zogenaamde socialistische en communistische publicaties die nu (1847) in Duitsland circuleren, tot het domein van deze smerige en enerverende literatuur

2) Conservative Socialism, or Bourgeoisie Socialism
2) Conservatief socialisme, of bourgeoisie socialisme

A part of the Bourgeoisie is desirous of redressing social grievances
Een deel van de bourgeoisie verlangt ernaar om sociale grieven recht te zetten
in order to secure the continued existence of Bourgeoisie society
om het voortbestaan van de bourgeoisiemaatschappij veilig te stellen
To this section belong economists, philanthropists, humanitarians
Tot deze sectie behoren economen, filantropen, humanitairen
improvers of the condition of the working class and organisers of charity
Verbetering van de toestand van de arbeidersklasse en organisatoren van liefdadigheid
members of societies for the prevention of cruelty to animals
Leden van verenigingen ter voorkoming van dierenmishandeling
temperance fanatics, hole-and-corner reformers of every imaginable kind
Drankbestrijdingsfanatici, hervormers van elke denkbare soort
This form of Socialism has, moreover, been worked out into complete systems
Deze vorm van socialisme is bovendien uitgewerkt tot complete systemen
We may cite Proudhon's "Philosophie de la Misère" as an example of this form
We kunnen Proudhon's "Philosophie de la Misère" als voorbeeld van deze vorm noemen
The Socialistic Bourgeoisie want all the advantages of modern social conditions
De socialistische bourgeoisie wil alle voordelen van de moderne sociale verhoudingen

but the Socialistic Bourgeoisie don't necessarily want the resulting struggles and dangers

maar de socialistische bourgeoisie wil niet per se de daaruit voortvloeiende strijd en gevaren

They desire the existing state of society, minus its revolutionary and disintegrating elements

Ze verlangen naar de bestaande staat van de maatschappij, minus haar revolutionaire en desintegrerende elementen

in other words, they wish for a Bourgeoisie without a proletariat

met andere woorden, zij wensen een bourgeoisie zonder proletariaat

The Bourgeoisie naturally conceives the world in which it is supreme to be the best

De bourgeoisie stelt zich natuurlijk de wereld voor waarin het oppermachtig is de beste te zijn

and Bourgeoisie Socialism develops this comfortable conception into various more or less complete systems

en het bourgeoisie-socialisme ontwikkelt deze comfortabele opvatting tot verschillende min of meer volledige systemen

they would very much like the proletariat to march straightway into the social New Jerusalem

zij zouden heel graag willen dat het proletariaat regelrecht het sociale Nieuwe Jeruzalem binnenmarcheerde

but in reality it requires the proletariat to remain within the bounds of existing society

Maar in werkelijkheid vereist het dat het proletariaat binnen de grenzen van de bestaande maatschappij blijft

they ask the proletariat to cast away all their hateful ideas concerning the Bourgeoisie

zij vragen het proletariaat om al hun hatelijke ideeën over de bourgeoisie af te werpen

there is a second more practical, but less systematic, form of this Socialism

er is een tweede, meer praktische, maar minder systematische, vorm van dit socialisme

this form of socialism sought to depreciate every revolutionary movement in the eyes of the working class

Deze vorm van socialisme probeerde elke revolutionaire beweging in de ogen van de arbeidersklasse te devalueren

they argue no mere political reform could be of any advantage to them

Ze beweren dat geen enkele politieke hervorming enig voordeel voor hen zou kunnen opleveren

only a change in the material conditions of existence in economic relations are of benefit

Alleen een verandering in de materiële bestaansvoorwaarden in de economische verhoudingen is gunstig

like communism, this form of socialism advocates for a change in the material conditions of existence

Net als het communisme pleit deze vorm van socialisme voor een verandering in de materiële bestaansvoorwaarden

however, this form of socialism by no means suggests the abolition of the Bourgeoisie relations of production

Deze vorm van socialisme betekent echter geenszins de afschaffing van de burgerlijke productieverhoudingen

the abolition of the Bourgeoisie relations of production can only be achieved through a revolution

de afschaffing van de bourgeoisie productieverhoudingen kan alleen worden bereikt door een revolutie

but instead of a revolution, this form of socialism suggests administrative reforms

Maar in plaats van een revolutie suggereert deze vorm van socialisme administratieve hervormingen

and these administrative reforms would be based on the continued existence of these relations

En deze administratieve hervormingen zouden gebaseerd zijn op het voortbestaan van deze betrekkingen

reforms, therefore, that in no respect affect the relations between capital and labour

hervormingen dus die in geen enkel opzicht de verhoudingen tussen kapitaal en arbeid aantasten

at best, such reforms lessen the cost and simplify the administrative work of Bourgeoisie government

in het beste geval verminderen dergelijke hervormingen de kosten en vereenvoudigen ze het administratieve werk van de bourgeoisieregering

Bourgeois Socialism attains adequate expression, when, and only when, it becomes a mere figure of speech

Het burgerlijk socialisme komt tot een adequate uitdrukking, wanneer en alleen wanneer het slechts een beeldspraak wordt

Free trade: for the benefit of the working class

Vrijhandel: ten voordele van de arbeidersklasse

Protective duties: for the benefit of the working class

Beschermende plichten: ten voordele van de arbeidersklasse

Prison Reform: for the benefit of the working class

Hervorming van het gevangeniswezen: ten voordele van de arbeidersklasse

This is the last word and the only seriously meant word of Bourgeoisie Socialism

Dit is het laatste woord en het enige serieus bedoelde woord van het bourgeoisiesocialisme

It is summed up in the phrase: the Bourgeoisie is a Bourgeoisie for the benefit of the working class

Het wordt samengevat in de zin: de bourgeoisie is een bourgeoisie ten bate van de arbeidersklasse

3) Critical-Utopian Socialism and Communism
3) Kritisch-utopisch socialisme en communisme

We do not here refer to that literature which has always given voice to the demands of the proletariat
We hebben het hier niet over de literatuur die altijd een stem heeft gegeven aan de eisen van het proletariaat
this has been present in every great modern revolution, such as the writings of Babeuf and others
dit is aanwezig geweest in elke grote moderne revolutie, zoals de geschriften van Babeuf en anderen
The first direct attempts of the proletariat to attain its own ends necessarily failed
De eerste directe pogingen van het proletariaat om zijn eigen doelen te bereiken, mislukten noodzakelijkerwijs
these attempts were made in times of universal excitement, when feudal society was being overthrown
Deze pogingen werden ondernomen in tijden van universele opwinding, toen de feodale samenleving werd omvergeworpen
the then undeveloped state of the proletariat led to those attempts failing
De toen nog onontwikkelde staat van het proletariaat leidde tot het mislukken van die pogingen
and they failed due to the absence of the economic conditions for its emancipation
En ze faalden vanwege het ontbreken van de economische voorwaarden voor de emancipatie ervan
conditions that had yet to be produced, and could be produced by the impending Bourgeoisie epoch alone
omstandigheden die nog moesten worden voortgebracht, en die alleen door het naderende tijdperk van de bourgeoisie konden worden voortgebracht
The revolutionary literature that accompanied these first movements of the proletariat had necessarily a reactionary character

De revolutionaire literatuur die deze eerste bewegingen van
het proletariaat begeleidde, had noodzakelijkerwijs een
reactionair karakter

**This literature inculcated universal asceticism and social
levelling in its crudest form**

Deze literatuur prentte universele ascese en sociale nivellering
in zijn meest grove vorm in

**The Socialist and Communist systems, properly so called,
spring into existence in the early undeveloped period**

De eigenlijke socialistische en communistische stelsels
ontstaan in de vroege onontwikkelde periode

**Saint-Simon, Fourier, Owen and others, described the
struggle between proletariat and Bourgeoisie (see Section 1)**

Saint-Simon, Fourier, Owen en anderen, beschreven de strijd
tussen proletariaat en bourgeoisie (zie hoofdstuk 1)

**The founders of these systems see, indeed, the class
antagonisms**

De grondleggers van deze systemen zien inderdaad de
klassentegenstellingen

**they also see the action of the decomposing elements, in the
prevailing form of society**

Ze zien ook de werking van de ontbindende elementen, in de
heersende maatschappijvorm

**But the proletariat, as yet in its infancy, offers to them the
spectacle of a class without any historical initiative**

Maar het proletariaat, dat nog in de kinderschoenen staat,
biedt hen het schouwspel van een klasse zonder enig
historisch initiatief

**they see the spectacle of a social class without any
independent political movement**

Ze zien het schouwspel van een sociale klasse zonder enige
onafhankelijke politieke beweging

**the development of class antagonism keeps even pace with
the development of industry**

De ontwikkeling van de klassentegenstellingen houdt gelijke
tred met de ontwikkeling van de industrie

so the economic situation does not as yet offer to them the material conditions for the emancipation of the proletariat

De economische situatie biedt hun dus nog niet de materiële voorwaarden voor de emancipatie van het proletariaat

They therefore search after a new social science, after new social laws, that are to create these conditions

Ze zoeken daarom naar een nieuwe sociale wetenschap, naar nieuwe sociale wetten, die deze voorwaarden moeten scheppen

historical action is to yield to their personal inventive action

Historisch handelen is wijken voor hun persoonlijke inventieve actie

historically created conditions of emancipation are to yield to fantastic conditions

Historisch gecreëerde voorwaarden voor emancipatie zullen wijken voor fantastische omstandigheden

and the gradual, spontaneous class-organisation of the proletariat is to yield to the organisation of society

En de geleidelijke, spontane klassenorganisatie van het proletariaat moet wijken voor de organisatie van de maatschappij

the organisation of society specially contrived by these inventors

de organisatie van de samenleving die speciaal door deze uitvinders is bedacht

Future history resolves itself, in their eyes, into the propaganda and the practical carrying out of their social plans

De toekomstige geschiedenis lost zich in hun ogen op in de propaganda en de praktische uitvoering van hun sociale plannen

In the formation of their plans they are conscious of caring chiefly for the interests of the working class

Bij het opstellen van hun plannen zijn zij zich ervan bewust dat zij zich voornamelijk bekommeren om de belangen van de arbeidersklasse

Only from the point of view of being the most suffering class does the proletariat exist for them

Alleen vanuit het oogpunt van het feit dat zij de meest lijdende klasse zijn, bestaat het proletariaat voor hen

The undeveloped state of the class struggle and their own surroundings inform their opinions

De onontwikkelde staat van de klassenstrijd en hun eigen omgeving vormen hun mening

Socialists of this kind consider themselves far superior to all class antagonisms

Dit soort socialisten beschouwen zichzelf als verreweg superieur aan alle klassentegenstellingen

They want to improve the condition of every member of society, even that of the most favoured

Ze willen de toestand van elk lid van de samenleving verbeteren, zelfs die van de meest begunstigden

Hence, they habitually appeal to society at large, without distinction of class

Daarom doen ze gewoonlijk een beroep op de samenleving als geheel, zonder onderscheid van klasse

nay, they appeal to society at large by preference to the ruling class

Sterker nog, ze doen een beroep op de samenleving als geheel door de voorkeur te geven aan de heersende klasse

to them, all it requires is for others to understand their system

Voor hen is het enige wat nodig is dat anderen hun systeem begrijpen

because how can people fail to see that the best possible plan is for the best possible state of society?

Want hoe kunnen mensen niet inzien dat het best mogelijke plan is voor de best mogelijke staat van de samenleving?

Hence, they reject all political, and especially all revolutionary, action

Daarom verwerpen zij alle politieke, en vooral alle revolutionaire acties

they wish to attain their ends by peaceful means

Ze willen hun doelen bereiken met vreedzame middelen

they endeavour, by small experiments, which are necessarily doomed to failure

Ze proberen het door kleine experimenten, die noodzakelijkerwijs gedoemd zijn te mislukken

and by the force of example they try to pave the way for the new social Gospel

en door de kracht van het voorbeeld proberen zij de weg te effenen voor het nieuwe sociale Evangelie

Such fantastic pictures of future society, painted at a time when the proletariat is still in a very undeveloped state

Zulke fantastische beelden van de toekomstige maatschappij, geschilderd in een tijd waarin het proletariaat nog in een zeer onontwikkelde staat verkeert

and it still has but a fantastical conception of its own position

En het heeft nog steeds slechts een fantastisch idee van zijn eigen positie

but their first instinctive yearnings correspond with the yearnings of the proletariat

Maar hun eerste instinctieve verlangens komen overeen met de verlangens van het proletariaat

both yearn for a general reconstruction of society

Beiden verlangen naar een algemene reconstructie van de samenleving

But these Socialist and Communist publications also contain a critical element

Maar deze socialistische en communistische publicaties bevatten ook een cruciaal element

They attack every principle of existing society

Ze vallen elk principe van de bestaande samenleving aan

Hence they are full of the most valuable materials for the enlightenment of the working class

Daarom zitten ze vol met de meest waardevolle materialen voor de verlichting van de arbeidersklasse

they propose abolition of the distinction between town and country, and the family

Zij stellen voor het onderscheid tussen stad en platteland af te schaffen, en het gezin

the abolition of the carrying on of industries for the account of private individuals

de afschaffing van de uitoefening van industrieën voor rekening van particulieren

and the abolition of the wage system and the proclamation of social harmony

en de afschaffing van het loonsysteem en de afkondiging van sociale harmonie

the conversion of the functions of the State into a mere superintendence of production

de omvorming van de functies van de staat tot een loutere superintendentie van de productie

all these proposals, point solely to the disappearance of class antagonisms

Al deze voorstellen wijzen uitsluitend op het verdwijnen van de klassentegenstellingen

class antagonisms were, at that time, only just cropping up

Klassentegenstellingen waren in die tijd nog maar net aan het opduiken

in these publications these class antagonisms are recognised in their earliest, indistinct and undefined forms only

In deze publicaties worden deze klassentegenstellingen alleen in hun vroegste, onduidelijke en ongedefinieerde vormen erkend

These proposals, therefore, are of a purely Utopian character

Deze voorstellen hebben dus een zuiver utopisch karakter

The significance of Critical-Utopian Socialism and Communism bears an inverse relation to historical development

De betekenis van het kritisch-utopische socialisme en het communisme staat omgekeerd evenredig aan de historische ontwikkeling

the modern class struggle will develop and continue to take definite shape

De moderne klassenstrijd zal zich ontwikkelen en vaste vorm blijven krijgen

this fantastic standing from the contest will lose all practical value

Deze fantastische positie van de wedstrijd zal alle praktische waarde verliezen

these fantastic attacks on class antagonisms will lose all theoretical justification

Deze fantastische aanvallen op klassentegenstellingen zullen elke theoretische rechtvaardiging verliezen

the originators of these systems were, in many respects, revolutionary

De grondleggers van deze systemen waren in veel opzichten revolutionair

but their disciples have, in every case, formed mere reactionary sects

Maar hun discipelen hebben in alle gevallen louter reactionaire sekten gevormd

They hold tightly to the original views of their masters

Ze houden stevig vast aan de oorspronkelijke opvattingen van hun meesters

but these views are in opposition to the progressive historical development of the proletariat

Maar deze opvattingen staan haaks op de voortschrijdende historische ontwikkeling van het proletariaat

They, therefore, endeavour, and that consistently, to deaden the class struggle

Zij trachten dus, en wel consequent, de klassenstrijd te verstommen

and they consistently endeavour to reconcile the class antagonisms

En ze proberen consequent de klassentegenstellingen te verzoenen

They still dream of experimental realisation of their social Utopias

Ze dromen nog steeds van de experimentele realisatie van hun sociale utopieën

they still dream of founding isolated "phalansteres" and establishing "Home Colonies"

ze dromen er nog steeds van om geïsoleerde "phalansteres" te stichten en "Home Colonies" te stichten

they dream of setting up a "Little Icaria"—duodecimo editions of the New Jerusalem

ze dromen ervan om een "Klein Icaria" op te richten - duodecimo-edities van het Nieuwe Jeruzalem

and they dream to realise all these castles in the air

En ze dromen ervan om al deze luchtkastelen te realiseren

they are compelled to appeal to the feelings and purses of the bourgeois

Ze zijn gedwongen een beroep te doen op de gevoelens en de portemonnee van de bourgeoisie

By degrees they sink into the category of the reactionary conservative Socialists depicted above

Langzamerhand zinken ze weg in de categorie van de hierboven afgebeelde reactionaire conservatieve socialisten

they differ from these only by more systematic pedantry

Ze verschillen alleen van deze door meer systematische pedanterie

and they differ by their fanatical and superstitious belief in the miraculous effects of their social science

En ze onderscheiden zich door hun fanatieke en bijgelovige geloof in de wonderbaarlijke effecten van hun sociale wetenschap

They, therefore, violently oppose all political action on the part of the working class

Ze verzetten zich daarom met geweld tegen elke politieke actie van de kant van de arbeidersklasse

such action, according to them, can only result from blind unbelief in the new Gospel

zo'n actie kan volgens hen alleen maar het gevolg zijn van
blind ongeloof in het nieuwe evangelie

The Owenites in England, and the Fourierists in France,
respectively, oppose the Chartists and the "Réformistes"
De Owenisten in Engeland en de Fourieristen in Frankrijk
verzetten zich respectievelijk tegen de chartisten en de
"Réformistes"

Position of the Communists in Relation to the Various Existing Opposision Parties

Positie van de communisten ten opzichte van de verschillende bestaande oppositiepartijen

Section II has made clear the relations of the Communists to the existing working-class parties

Deel II heeft de verhoudingen van de communisten tot de bestaande arbeiderspartijen duidelijk gemaakt

such as the Chartists in England, and the Agrarian Reformers in America

zoals de chartisten in Engeland en de agrarische hervormers in Amerika

The Communists fight for the attainment of the immediate aims

De communisten strijden voor het bereiken van de onmiddellijke doelen

they fight for the enforcement of the momentary interests of the working class

Ze strijden voor de handhaving van de tijdelijke belangen van de arbeidersklasse

but in the political movement of the present, they also represent and take care of the future of that movement

Maar in de politieke beweging van nu vertegenwoordigen en zorgen ze ook voor de toekomst van die beweging

In France the Communists ally themselves with the Social-Democrats

In Frankrijk sluiten de communisten een bondgenootschap met de sociaaldemocraten

and they position themselves against the conservative and radical Bourgeoisie

en ze stellen zich op tegen de conservatieve en radicale bourgeoisie

however, they reserve the right to take up a critical position in regard to phrases and illusions traditionally handed down from the great Revolution

zij behouden zich echter het recht voor om een kritische
positie in te nemen ten aanzien van frasen en illusies die
traditioneel zijn overgeleverd uit de grote revolutie

**In Switzerland they support the Radicals, without losing
sight of the fact that this party consists of antagonistic
elements**

In Zwitserland steunen ze de radicalen, zonder uit het oog te
verliezen dat deze partij bestaat uit antagonistische elementen

**partly of Democratic Socialists, in the French sense, partly of
radical Bourgeoisie**

deels van democratische socialisten, in de Franse betekenis,
deels van radicale bourgeoisie

**In Poland they support the party that insists on an agrarian
revolution as the prime condition for national emancipation**

In Polen steunen ze de partij die aandringt op een agrarische
revolutie als eerste voorwaarde voor nationale emancipatie

**that party which fomented the insurrection of Cracow in
1846**

de partij die de opstand van Krakau in 1846 aanwakkerde

**In Germany they fight with the Bourgeoisie whenever it acts
in a revolutionary way**

In Duitsland strijden ze met de bourgeoisie wanneer deze
revolutionair optreedt

**against the absolute monarchy, the feudal squirearchy, and
the petty Bourgeoisie**

tegen de absolute monarchie, de feodale schildknaap en de
kleinburgerij

**But they never cease, for a single instant, to instil into the
working class one particular idea**

Maar ze houden nooit op om de arbeidersklasse ook maar een
moment van een bepaald idee bij te brengen

**the clearest possible recognition of the hostile antagonism
between Bourgeoisie and proletariat**

de duidelijkst mogelijke erkenning van de vijandige
tegenstelling tussen bourgeoisie en proletariaat

so that the German workers may straightaway use the weapons at their disposal

zodat de Duitse arbeiders onmiddellijk gebruik kunnen maken van de wapens die hun ter beschikking staan

the social and political conditions that the Bourgeoisie must necessarily introduce along with its supremacy

de sociale en politieke voorwaarden die de bourgeoisie noodzakelijkerwijs moet invoeren, samen met haar suprematie

the fall of the reactionary classes in Germany is inevitable

de val van de reactionaire klassen in Duitsland is onvermijdelijk

and then the fight against the Bourgeoisie itself may immediately begin

en dan kan de strijd tegen de bourgeoisie zelf onmiddellijk beginnen

The Communists turn their attention chiefly to Germany, because that country is on the eve of a Bourgeoisie revolution

De communisten richten hun aandacht vooral op Duitsland, omdat dat land aan de vooravond staat van een burgerlijke revolutie

a revolution that is bound to be carried out under more advanced conditions of European civilisation

een revolutie die onvermijdelijk zal worden voltrokken onder meer geavanceerde omstandigheden van de Europese beschaving

and it is bound to be carried out with a much more developed proletariat

En het zal zeker worden uitgevoerd met een veel meer ontwikkeld proletariaat

a proletariat more advanced than that of England was in the seventeenth, and of France in the eighteenth century

een proletariaat dat verder gevorderd was dan dat van Engeland in de zeventiende eeuw en van Frankrijk in de achttiende eeuw

and because the Bourgeoisie revolution in Germany will be but the prelude to an immediately following proletarian revolution

en omdat de revolutie van de bourgeoisie in Duitsland slechts het voorspel zal zijn van een onmiddellijk volgende proletarische revolutie

In short, the Communists everywhere support every revolutionary movement against the existing social and political order of things

Kortom, de communisten steunen overal elke revolutionaire beweging tegen de bestaande sociale en politieke orde van zaken

In all these movements they bring to the front, as the leading question in each, the property question

In al deze bewegingen brengen zij de eigendomsvraag op de voorgrond, als de leidende vraag in elk van deze bewegingen.

no matter what its degree of development is in that country at the time

ongeacht de mate van ontwikkeling in dat land op dat moment

Finally, they labour everywhere for the union and agreement of the democratic parties of all countries

Ten slotte werken ze overal voor de unie en de instemming van de democratische partijen van alle landen

The Communists disdain to conceal their views and aims

De communisten verachten het om hun opvattingen en doelen te verbergen

They openly declare that their ends can be attained only by the forcible overthrow of all existing social conditions

Zij verklaren openlijk dat hun doelen alleen kunnen worden bereikt door de gewelddadige omverwerping van alle bestaande sociale verhoudingen

Let the ruling classes tremble at a Communistic revolution

Laat de heersende klassen beven voor een communistische revolutie

The proletarians have nothing to lose but their chains

De proletariërs hebben niets anders te verliezen dan hun
ketenen

They have a world to win

Ze hebben een wereld te winnen

WORKING MEN OF ALL COUNTRIES, UNITE!

ARBEIDERS ALLER LANDEN, VERENIGT U!